John C. Whitcomb

Die Welt, die unterging

Hänssler-Verlag
Neuhausen-Stuttgart

CIP-Kurztitelaufnahme der Deutschen Bibliothek

Whitcomb, John C.:
Die Welt, die unterging / John C. Whitcomb. – Neuhausen (Stuttgart): Hänssler 1980.
(TELOS-Bücher; Nr. 1179: TELOS-Paperback) Einheitssacht.: The world that perished (dt.)

ISBN 3-7751-0491-7

TELOS-Paperback Nr. 1179

Originaltitel: The World that Perished
Deutsche Bearbeitung: LITERA/Schnabel
(einige Artikel sind gekürzt wiedergegeben)

Umschlaggestaltung: Daniel Dolmetsch
Umschlagfoto: Artreference
Satz: Schwengeler-Studio, CH-9442 Berneck
Gesamtherstellung: St. Johannis-Druckerei, C. Schweickhardt, Lahr-Dinglingen

Das Buch ist Dr. Donald B. Fullerton gewidmet,
dem ehemaligen Indien-Missionar, dem Studenten-Missionar
seit dem Jahre 1931, den Gott 1942 zu mir
nach Princeton sandte.

Inhalt

Würdigung 9
Geleitwort 11
Vorwort 13
1. Die Flut zerstörte die ganze Welt 15
Die Konstruktion der Arche 18
Die Zusammenführung der Tiere und ihre Versorgung ... 22
Die Hebung der ozeanischen Wasser 30
Die Freigabe der Wasser «oberhalb der Ausdehnung» 32
Die Ausbildung der Ozeanbecken der Gegenwart 33
Die Ausbildung der Gebirgsketten der Gegenwart 36
Schlußfolgerung 38
2. Gott zerstörte diese Welt — auf übernatürliche Weise 40
Die Tiefe der Flut 40
Die Dauer der Flut 41
Die Notwendigkeit einer Arche 42
Die totale Vernichtung einer weitverbreiteten Menschheit . 50
Das Zeugnis des Apostels Petrus 53
Das Problem der universalen Ausdrücke 56
Schlußfolgerung 61
3. Die heute sichtbaren Auswirkungen der Flut 63
Die Flut und Naturprozesse 63
Die zerstörende Kraft des bewegten Wassers 64
Die stratigraphischen Auswirkungen der Flut 68
Die Bildung von Fossilschichten 72
Katastrophische Phänomene in der Geologie 77
Schlußfolgerung 85
4. Die Kernfrage: Ist die Bibel wirklich Gottes Wort? 87
Die biblische Katastrophenlehre und der Uniformitarianismus 93
Stehen die Geologen über der Bibel? 99
Ein holländischer Geologe schreibt gegen «Die Sintflut» . 103
Henry M.Morris antwortet J.R. van de Fliert 115
«Rede zu der Erde, und sie wird's dich lehren» 121

Theologen und Naturwissenschaftler 126
Schlußfolgerung 133

Zusammenfassung 135
Bibliographie 138
Namen- und Sachregister 142

Würdigung

Der Autor will hier folgenden Personen seinen innigsten Dank zum Ausdruck bringen, die für die Vorbereitung und Veröffentlichung dieses Buches einen wichtigen Beitrag geleistet haben:

Dr. Henry M. Morris, Mitautor von *Die Sintflut,* las das Manuskript in seiner ursprünglichen Form und schrieb das Geleitwort.

Drei meiner Kollegen vom Lehrkörper des Grace Theological Seminary lasen das Manuskript und machten zahlreiche wertvolle Vorschläge zur Verbesserung der Argumentation und des Stils: *Dr. John J. Davis,* (Assistenz-) Professor für Altes Testament und Hebräisch; *Dr. Charles R. Smith,* (Assistenz-) Professor für Theologie und Griechisch; *Herr Robert Ibach jr.,* Bibliothekarassistent am Seminary und Assistent für Altes Testament und Archäologie. Herr Ibach stellte außerdem die Bibliographie zusammen.

Mr. Cornelius Zylstra und *Mr. Gordon DeYoung* vom Baker Book House und *Rev. Charles Turner* von der Brethren Missionary Herald Company sind bei der Planung und Ausarbeitung dieses Buches und seiner begleitenden Studie *The Early Earth* weit über den gewöhnlichen Bereich ihrer Verpflichtung hinausgegangen.

Meine geliebte Frau Norma hat mich, trotz ihrer eigenen vielfältigen Arbeit, tatkräftig unterstützt. Ich bin überzeugt, daß sie das von Gott bestimmte Werkzeug war, durch das dieses sich über viele Monate hinziehende Unternehmen begonnen und vollendet werden konnte.

Geleitwort

Wir leben in einer Zeit, die von einem tiefgehenden Skeptizismus gekennzeichnet ist. Das Jahrhundert, in dem eine evolutionistische Philosophie lange Zeit die Überzeugungen des Naturalismus und Atheismus säte, erntet nun die bitteren Früchte der Revolution, Gleichgültigkeit gegenüber moralischen Grundsätzen und Verzweiflung.

Aber Gott hat sich selbst in einer Zeit wie dieser «doch nicht unbezeugt gelassen, indem er Gutes tat und euch vom Himmel Regen und fruchtbare Zeiten gab und eure Herzen mit Speise und Fröhlichkeit erfüllte» (Apg. 14,17).

Es gibt darüber hinaus noch ein anderes stilles, aber doch beredtes Zeugnis von Gott — die Gesteine der Erdkruste. In jedem Land liegt in der Erde unter unseren Füßen und in den Hügeln und Tälern, durch die wir reisen, ein riesiger Friedhof. Dort liegen die Knochen und die Schalen, die Zähne und die Spuren von unzähligen Tieren, dazu die zusammengepreßten und verkohlten Überreste riesiger Wälder, die einst auf einer wunderschönen Welt gewachsen waren. Hier und da kann man sogar an einzelnen Stellen Werkzeuge oder fossile Hinweise auf das menschliche Leben vor langer Zeit finden.

Der modernen Spekulation ist es gelungen, das Zeugnis dieses sedimentären Friedhofs in den erfundenen Bericht von einer langsamen, evolutionären Entwicklung hineinzuinterpretieren, der den Zeitraum von über einer Milliarde Jahre einer imaginären Erdgeschichte umfassen soll. Diese seltsame Vorstellung wird heute tatsächlich akzeptiert und in den meisten Ausbildungsstätten der Welt als wissenschaftliche Tatsache gelehrt.

Aber die Fossilien zeugen von Tod, nicht von Entwicklung! Sie weisen auf Ausrottung hin, nicht auf Evolution. Der Gott, der das gesamte Sein erschuf, ist ein allmächtiger, aber auch ein gnädiger Gott. Er hatte es nicht nötig, die Prinzipien von Leiden und Tod (und besonders die massive und gewaltsame Vernichtung, von der die Fossilien zeugen) als Hilfsmittel für die Schöpfung einzusetzen.

Die Fossilien zeugen von Tod, und Tod zeugt von Sünde und Gericht — nicht von Schöpfung und Entwicklung. Wenn dieses weltweite Zeugnis, das unter der Erde liegt, theologisch und wissenschaftlich richtig interpretiert wird, bezeugt es einen souveränen Schöpfer, der die Kontrolle über seine Schöpfung hat und sie richtet. Diese Steine schreien — nicht von einem evolutionistischen Fortschritt über viele Zeitalter hinweg, sondern von der gerichtlichen Beendigung *eines* Zeitalters.

John Whitcomb legt in diesem kleinen, aber wichtigen und fundierten Buch den biblischen Bericht von jener großen hydrodynamischen Umwälzung aus, die Gottes Gericht über die Sündhaftigkeit der Welt vor der Flut war. Es kann *keine* Zweifel mehr darüber geben, daß, wenn das Wort Gottes wahr ist, die Sintflut ein weltweites, umwälzendes Gericht war, das die starke Hand Gottes über die Erde brachte. Hinweise auf geologische Probleme können an diesem Tatbestand nichts ändern.

Gott hat uns also auch in diesen letzten Tagen nicht ohne menschliche Zeugen gelassen. Der Autor dieses Buches ist heute einer der wirksamsten Zeugen für die Wahrheit Gottes. Sein Zeugnis als Professor, als Lehrer bei Bibelkursen, als verständiger und überzeugender Schriftsteller und — als Christ war für Tausende von Menschen während der beiden letzten Jahrzehnte ein großer Segen.

Es ist für mich ein besonderes Vorrecht, dieses ausgezeichnete neue Buch von John C. Whitcomb empfehlen zu dürfen, einem Mann, der wie Apollos «mächtig in den Schriften» und «brennend im Geist» ist (Apg. 18,24.25) und mir stets ein lieber Kollege und Freund in Jesus Christus war.

Henry M. Morris
San Diego
Februar 1973

Vorwort

«Durch welche die damalige Welt, vom Wasser überschwemmt, unterging» (2. Petr. 3,6). Mit diesen Worten begründet der Apostel Petrus die Gültigkeit der sogenannten «biblischen Katastrophentheorie» oder «Flutgeologie» auf unwiderlegbare Art und Weise. Petrus sieht die Zeit kommen, in der die Menschen die Möglichkeit bestreiten, daß Gott durch ein globales Gericht am Ende der Geschichte direkt in den Lauf der Welt eingreifen kann (V. 4: «Wo ist die Verheißung seiner Ankunft?»). Er nimmt die große Flut zur Zeit Noahs als Beispiel, um die Gültigkeit des pseudowissenschaftlichen Grundsatzes des totalen Uniformitarianismus (das sogenannte «Aktualitätsprinzip», das von dem Deutschen von Hoff und dem Engländer Ch. Lyell im 19. Jahrhundert in die Geologie eingeführt wurde. Nach diesem Prinzip darf in der Geologie nur nach gegenwärtig beobachtbaren und feststellbaren Abläufen erklärt werden) für immer zunichte zu machen.

Es ist das Ziel und die Absicht dieser Untersuchung, die grundlegenden biblischen und wissenschaftlichen Beweise für diese Flut in einer allgemeinverständlicheren Form darzulegen, als dies in dem wissenschaftlichen Werk *Die Sintflut* (Mitautor Dr. Henry M. Morris, engl. Ausgabe 1961, deutsche Ausgabe 1977) möglich war. Gleichzeitig soll die Diskussion, die durch dieses und ähnliche Werke entfacht wurde, auf den neuesten Stand gebracht werden. Der Autor versucht außerdem, die publizierten Einwände, die in den vergangenen zwölf Jahren gegen *Die Sintflut* vorgebracht wurden, zu analysieren und kurz auf sie einzugehen.

Der Autor ist Gott für die bemerkenswerte Reaktion dankbar, welche die erste Studie dieser Reihe *(The Early Earth,* 1972) bei Christen hervorrief und vertraut darauf, daß Gott in seiner weisen Voraussicht dieses kleine Buch in ähnlicher Weise dazu gebrauchen möge, in dieser letzten Zeit vor seiner Wiederkunft das Interesse für sein unfehlbares Wort neu zu wecken.

Kapitel 1

Die Flut zerstörte die ganze Welt

Die Historizität der Personen und Ereignisse, die mit der in den ersten Kapiteln der Genesis beschriebenen großen Flut zusammenhängen, wird durch sechs neutestamentliche Stellen bestätigt.[1] In mindestens *fünf* von diesen sechs Stellen wird *der übernatürliche Ursprung der Flut entweder ausdrücklich festgestellt oder ungenannt vorausgesetzt.* In Matth. 24,37-42 und in Luk. 17,26-27 vergleicht Jesus die Flut (in der eine einzige gerechte Familie verschont wurde, um die Erde später wieder zu bevölkern — die übrige, gottlose Menschheit wurde völlig vernichtet) mit seiner Wiederkunft, bei der einige verschont und die anderen gerichtet werden. In Hebr. 11,7 wird uns gesagt, daß Noah «eine göttliche Weisung über das, was noch nicht zu sehen war, empfangen hatte» — hier wird der übernatürliche Ursprung und Charakter der Flut eindeutig vorausgesetzt. In 2. Petr. 2,4-5 lesen wir, daß Gott «die Flut über die Welt der Gottlosen brachte». Ähnlich heißt es in 2. Petr. 3,5-6, daß «durch das Wort Gottes ... die damalige Welt, vom Wasser überschwemmt, unterging». In V. 7 lesen wir dann: «Die jetzigen Himmel und die jetzige Erde aber sind durch dasselbe Wort aufbewahrt und für das Feuer aufgehoben zum Tag des Gerichts und des Verderbens der gottlosen Menschen».[2]

Nicht nur, daß sich Christen häufig der Verzerrung des biblischen Schöpfungsberichts schuldig machten, indem sie die Vorstellung von reinen Naturprozessen, die über lange Zeitabschnitte hinweg abgelaufen sein sollen,[3] mit einbezogen, der Bericht der Bibel wurde auch von zahlreichen modernen uniformitarianistischen Interpreten stark angegriffen.

1 Matth. 24,37-39; Luk. 17,26-27; Hebr. 11,7; 1. Petr. 3,20; 2. Petr. 2,5; 3,5-7.

2 Die Zitate der Bibelstellen sind, wenn nicht anders vermerkt, der Elberfelder Übersetzung entnommen (AT:57, Auflage 1976, NT:rev. 1. Auflage 1974).

3 Vgl. J.C. Whitcomb jr., «*The Early Earth*» (Grand Rapids: Baker Book House, 1972), S. 24-29.

Die Geologen haben natürlich recht, wenn sie darauf bestehen, daß auf der Basis der heute beobachtbaren geologischen Prozesse sowie dem gegenwärtigen Gleichgewicht der subozeanischen und kontinentalen Landmassen eine weltweite Flut, die selbst die Berge bedeckt, nicht stattfinden kann. Wir stimmen der Aussage zu, daß in der Erdkruste keine *bekannte* Kraft oder Kombination von Kräften existiert, die so stark wäre, daß sie den Meeresboden heben und die Kontinente senken und nach einem Jahr diesen Prozeß wieder umkehren könnte!

Wenn aber eben diese Geologen (wie auch jene Theologen, die von den gegenwärtig populären geologischen Theorien stark beeinflußt sind) dogmatisch erklären, daß das Buch der Genesis irrt, wenn es uns von einer derartigen, globalen Katastrophe in den Tagen Noahs berichtet, unterschätzen sie dann nicht den Gott der Schöpfung, der Wunder und des Gerichts? Wir können mit den Worten Jesu sagen: «Ihr irrt, weil ihr die Schriften nicht kennt, noch die Kraft Gottes» (Matth. 22,29).

Wir wagen es nicht, die Aussagen der Schrift über die *übernatürlichen* Kräfte außer acht zu lassen, die Gott einsetzte, um die große Flut in Gang zu bringen. Die Flut war somit keine bloß zufällige Kombination natürlicher und heute beobachtbarer Prozesse. Die Bibel stellt die Flut im Gegenteil als ein einzigartiges, einmaliges, nie wiederholbares Ereignis der Erdgeschichte dar, das im Blick auf sein Ausmaß und seine Bedeutung nur dem Endgericht zu vergleichen ist (Gen. 8,21-9,17; Matth. 24,37-42; 2. Petr. 3,5-7). Viel schwerwiegender ist, daß solche Wissenschaftler und Theologen «absichtlich vergessen» (2. Petr. 3,5), daß Gott nicht nur ein lebendiger und persönlicher Gott, sondern auch tatsächlich fähig ist, gerade die Wunder zu vollbringen, die in seinem Wort bezeugt sind. Die Bibel läßt in der Tat keinen Zweifel darüber, daß man nur dann ein wahrer Christ sein kann, wenn man ein so erstaunliches Wunder wie die leibliche Auferstehung Jesu Christi aus dem Grab am dritten Tag nach seiner Kreuzigung akzeptiert (Röm. 10,9; 1. Kor. 15,1-10).

Die Verfechter der Theorie einer nur lokalen Flut haben es sich natürlich leicht gemacht, indem sie die Berufung auf Wunder in Frage stellten und jeden ernsthaften Versuch ablehnten, mit der Flut nach der Bibel fertig zu werden.

Bernard Ramm ist ein Theologe, der zwar an Wunder in der Bibel glaubt, aber trotzdem folgende Aussage wagt: «Wenn man an einer universalen Flut festhalten will, hat man sich deutlich die Tatsache vor Augen zu halten, daß dazu eine ganze Reihe erstaunlicher Wunder notwendig sind. Man kann sich allerdings nicht mit frommen Erklärungen zu entschuldigen suchen, daß Gott allmächtig sei und alles tun kann... . Es ist keine Frage, was der Allmächtige tun kann, aber *die Einfachheit des Flutberichts* verbietet die Annahme einer endlosen Kette von Wundern, die eine universale Flut möglich machen soll».[4]

Im Blick auf diesen Einwand richtet sich unsere Aufmerksamkeit zuerst auf die Aussage, daß «die Einfachheit des Flutberichts» einen Wunderglauben verbietet, der zur Erklärung einer universalen Flut nötig wäre. Dr. Ramm sagt leider über die Art dieser angesprochenen «Einfachheit» nichts weiter aus. Dies ist sehr bedauerlich, denn dieser Einwand dient ihm offenkundig als Interpretationsschlüssel für den gesamten Flutbericht der Genesis. Wir müssen uns indessen tatsächlich fragen, ob nicht *jedes* Wunder, das in der Bibel beschrieben wird, von einer gewissen «Einfachheit» gekennzeichnet ist. Wie könnte Dr. Ramm etwa zwischen «Wundern der Genesis», «Wunder Daniels» oder «Wunder des Matthäus» unterscheiden?

Zweitens ist sich der Autor durchaus nicht der Notwendigkeit bewußt, sich auf eine «endlose Kette von Wundern, die eine universale Flut möglich machen soll», zu berufen. Wir werden im dritten Kapitel zu zeigen versuchen, daß verschiedene sehr wichtige Aspekte der Flut den Einsatz und Ablauf von natürlichen Gesetzen und Prozessen durch die weise *Voraussicht* (im Unterschied zu einem übernatürlichen Eingriff) Gottes zur Voraussetzung haben.

Das schwerwiegendste Problem im Zusammenhang mit Ramms Position ist jedoch die Tatsache, daß sie den Bedingungen des biblischen Zeugnisses von dem *grundsätzlich übernatürlichen Rahmen der Sintflut* nicht gerecht wird. Es geht nicht darum, daß man

4 Bernard Ramm, «The Christian View of Science and Scripture» (Grand Rapids: Wm.B. Eerdmans Pub. Co., 1954), S. 243-47 (Hervorhebung von mir). Wie wir später noch zeigen werden, erfordert das biblische Flutkonzept keine «endlose Kette von Wundern».

sich verzweifelt auf die «bloße Allmacht Gottes» beruft, um eine unbiblische Katastrophentheorie zu stützen, sondern darum, daß man die klaren Aussagen des biblischen Textes, die die Ursachen und Auswirkungen der Flut betreffen, in Rechnung stellt. Eine sorgfältige Analyse der aufschlußreichen exegetischen Daten führt zu mindestens sechs Punkten, in denen der Supranaturalismus eindeutig die Voraussetzung der Sintflut ist: (1) die von Gott geoffenbarte Konstruktion der Arche; (2) die Zusammenführung der Tiere und ihre Versorgung; (3) die Hebung der ozeanischen Wasser von unten; (4) die Freigabe der Wasser von oben; (5) die Ausbildung der Ozeanbecken der Gegenwart und (6) die Ausbildung der heutigen Kontinente und Gebirgsketten. Diese übernatürlichen Aspekte der Flut bedeuten alle einen radikalen Bruch mit den naturalistischen Voraussetzungen der modernen «Wissenschaftlichkeit» und verdienen aus diesem Grund unsere gründliche Beachtung.

Die Konstruktion der Arche

Einhundertzwanzig Jahre vor der Flut offenbarte Gott einem einzigen Menschen seine Absicht, die Erde durch Wasser zu zerstören. Gleichzeitig wies er ihn an, sich durch den Bau einer Arche auf dieses Gericht vorzubereiten, die nicht nur seine eigene Familie, sondern auch den Samen für die gesamte luftatmende Tierwelt retten sollte. Dieses «Bauwerk» war, wie wir noch sehen werden, nicht nur wegen seiner räumlichen Dimensionen und Proportionen von Bedeutung, sondern auch wegen seiner zeitlichen Dimension. Denn die einhundertzwanzig Jahre, die zu seiner Konstruktion notwendig waren, sind eine sichtbare Demonstration von Gottes Abneigung, auch nur einen Menschen zu vernichten — sie waren eine öffentliche Einladung zur Rettung vor dem drohenden Gericht. Der Apostel Petrus erklärt in eben diesem Sinn, daß «die Langmut Gottes in den Tagen Noahs abwartete, während die Arche gebaut wurde» (1. Petr. 3,20).

Die räumlichen Proportionen der Arche sind ein bemerkenswertes Zeugnis für die Folgerichtigkeit und die Objektivität des biblischen Flutberichts. Im Vergleich damit ist der babylonische Flutbericht angefüllt mit Absurditäten — die Arche sei ein Würfel mit einer Seitenlänge von 120 Ellen gewesen und hätte neun eingezogene Decks gehabt.[5] Aber die von Gott in der Genesis offenbarten Ausmaße sind im Blick auf den Zweck, den die Arche erfüllen sollte, vernünftig und angemessen. Was ihre Ausmaße anbelangt, so baute Peter Jansen aus Holland ein Modell, und dänische Barkassen, die man als *Fleuten* bezeichnet, wurden ebenfalls der Arche nachgebaut. Diese Modelle zeigten, daß die Arche eine größere Kapazität besaß als gewölbte oder auf andere Weise geformte Schiffe. Sie waren ausgesprochen seetüchtig, und es war nahezu unmöglich, sie zum Kentern zu bringen.[6]

Henry Morris gelangte in einer neueren Studie über die Stabilität der Arche zu der Schlußfolgerung, *daß sie vollständig vertikal hätte gedreht werden müssen, um umstürzen zu können*. Dr. Morris fährt fort: «Außerdem hatte die verhältnismäßig große Länge der Arche (die sechsfache Breite) die Tendenz, sie vor Wellenkräften, die über ihre gesamte Länge mit überall gleicher Stärke angreifen könnten, zu schützen. Denn im Normalfall ist es so, daß die Struktur von Wellenfeldern gebrochen ist und variiert, und nicht aus einer Reihe langer und uniformer Wellenkamm-/Wellental-Sequenzen besteht. In dem chaotisch-hydrodynamischen Phänomen der Flut war dies ganz besonders der Fall. Die Arche tendierte in der Tat dazu, durch das weite Spektrum der hydrodynamischen Kräfte und Strömungen so ausgerichtet zu werden, daß ihre Längsachse zu der vorherrschenden Wellen- und Strömungsrichtung parallel verlief. Sie verhielt sich also wie ein halb-stromlinienförmiger Körper, an dem die reinen Zugkräfte gewöhnlich minimal sind. Die Arche war hinsichtlich ihrer Konstruktion äußerst stabil und hervorragend geeignet, die Stürme der ein ganzes Jahr anhaltenden großen Flut heil zu überstehen.»[7] Da die Arche

5 «Das Gilgamesch-Epos», übersetzt und bearbeitet von A. Schott und W. von Soden (Stuttgart: Reclam, 1972), S. 88. Vgl. «Ancient Near Eastern Texts Relating to the Old Testament», 3. Auflage, hrsg. von James B. Pritchard (Princeton: Princeton University Press, 1969), S. 93.

6 Bernard Ramm, «The Christian View», S. 230.

7 Henry M. Morris, «The Ark of Noah», Creation Research Society Quarterly (Sept., 1971), S. 142-44.

(die nicht für die selbständige Fortbewegung konstruiert war, sondern nur für ein «Dahintreiben») einen ebenen Boden besaß, war ihre Ladefähigkeit um ein ganzes Drittel größer als die Ladefähigkeit von Schiffen, die zwar ähnliche Ausmaße, aber schräg verlaufende Seiten haben.[8]

Die Ausmaße der Arche waren, und dies ist weit wichtiger, groß genug, um die luftatmenden Tiere, deren Gattungen in die Tausende gingen, lebendig zu erhalten; sie hätten die einjährige Flutperiode sonst nicht überstehen können. Wenn man annimmt, daß die Elle mindestens 44,5 cm lang war, betrug die Ladefläche der insgesamt drei Decks 8900 Quadratmeter, das Gesamtvolumen 39535 Kubikmeter.[9]

Ohne Vergleichsmöglichkeiten kann man sich solche Zahlen nur schwer vorstellen. Wenn der Leser zum Beispiel hinter einer Eisenbahnschranke steht und beobachtet zehn Güterzüge, von denen jeder 52 Frachtwaggons hinter sich herzieht, dann ist das genau soviel Raum, wie in der Arche zur Verfügung stand! Ihre Kapazität entsprach tatsächlich dem Fassungsvermögen von 520 modernen Eisenbahnwaggons. Ein Schiff mit derart gigantischen Ausmaßen, in das einige tausend Kammern eingebaut waren (Gen. 6,14), hätte leicht zwei Exemplare von jeder *Art* der luftatmenden Tiere, die gegenwärtig leben, schon auf der Hälfte der verfügbaren Ladefläche unterbringen können (außerdem entstanden durch das moderne Klassifizierungssystem mehr «Arten», als der entsprechende Ausdruck in der Genesis einräumt).[10] Die übrige Ladefläche wäre dann von der Familie Noahs, fünf zusätzlichen Vertretern einer jeden der wenigen Tierarten, die für das Opfer bestimmt waren, zwei Vertretern der heute ausgestorbenen Ar-

8 Vgl. Alexander Heidel, «The Gilgamesh Epic and Old Testament Parallels» (2. Aufl. Chicago: University of Chicago Press, 1949), S. 246.

9 Dr. Millard Erickson, Professor für Theologie am Bethel Theological Seminary, St. Paul, Minnesota, machte sich in diesem Zusammenhang eines groben Rechenfehlers schuldig: «Da der Fundamentalist gewöhnlich glaubt, daß die Sintflut die ganze Erde bedeckte, muß er mit dem Problem fertigwerden, wie man mindestens zwei Exemplare von sämtlichen heute lebenden Tierarten (außer Fischen und Amphibien) in einem Schiff unterbringen kann, das nur eine Ladefläche von 3.251,5 Quadratmetern hatte». The New Evangelical Theology (Westwood, N.J.: Fleming H. Revell Co., 1968) S. 160.

10 Vgl. Whitcomb und Morris, «Die Sintflut» (Stuttgart: Hänssler-Verlag, 1977), S. 98-102.

ten und von der Nahrung für Menschen und Tiere (Gen. 6,21) ausgefüllt worden.

Aus dieser Statistik kann mit gutem Grund zweierlei gefolgert werden. Erstens bestätigt die übernatürliche Offenbarung, die Noah über einhundert Jahre vor der Flut über die Arche und ihre Konstruktion empfing, die Tatsache, daß die Flut kein lediglich natürliches, schicksalhaftes Ereignis der Geschichte war, das später poetisch als «Gerichtswunder» interpretiert wurde. Im Gegenteil: die Warnung, die einhundert Jahre vorher ausgesprochen wurde, und die genauen Vorbereitungen, die Noah traf, machten die Flut für die vorsintflutliche Welt zu einem eschatologischen, apokalyptischen Ereignis.

Zweitens sind die Größe und die Proportionen der Arche ein starkes Argument für die göttliche Inspiration der Genesis. Wenn Mose die Geschichte einfach erfunden oder einige kursierende Flutlegenden überarbeitet hätte, wäre es unmöglich gewesen, die Arche in der Weise zu beschreiben, wie es in der Genesis der Fall ist. Er konnte ohne Offenbarung nicht wissen, wie groß ein solches Schiff sein mußte, um seinen Zweck zu erfüllen, denn ihm war die riesige Zahl der verschiedenen luftatmenden Tierarten der Welt noch unbekannt.

Noahs Arche und moderne Schiffe

Die Arche Noah war bis zum Ende des neunzehnten Jahrhunderts — als man zum ersten Mal riesige Schiffe aus Metall konstruierte — das größte seetüchtige Schiff, das je gebaut wurde.

Die Arche hatte eine Grundfläche von ca. 137,2 m mal 22,9 m. Bis 1858 war das größte Linienschiff der Welt die *Himalaya,* die 73,2 m mal 10,7 m groß war. Im Jahre 1858 konstruierte Isambard K. Brunel die *Great Eastern,* 211 m lang, 25,3 m breit und 30,3 m hoch, mit 30000 Tonnen, ... dem fünffachen Tonnengehalt des größten damals gebauten Schiffes. Der Sprung Brunels war so groß, daß sogar noch nach vierzig Jahren, als der Wettbewerb sehr heftig war, die größten Linienschiffe noch immer kleiner waren als die *Great Eastern* ... Der babylonische Sintflutbericht, der sich die Arche als Würfel vorstellt, verrät völlige Unkenntnis. Ein derartiges Schiff würde sich nämlich langsam im Kreise drehen. Aber die Proportionen des in der Bibel erwähnten Schiffes lassen nichts zu wünschen übrig. Sie sind vom Standpunkt der Stabilität, im Blick auf Stampfen und Schlingern überaus wichtig. Das Verhältnis der Länge zur Breite ist 6 zu 1. Wenn wir beispielsweise sechs moderne Schiffe von sechs verschiedenen Schiffsgesellschaften betrachten, die ungefähr die gleiche Größe haben, kommen wir auf die durchschnittliche Proportion von 8,1 zu 1. Das gigantische Linienschiff *Queen Elizabeth* hat eine Proportion von 8,6 zu 1, die *Canberra* von 8,2 zu 1. Aber diese Schiffe wurden für größere Geschwindigkeiten konstruiert, was auf die Arche nicht zutrifft. Einige Riesentanker haben eine Proportion von ungefähr 7 zu 1. Noch interessanter sind die Zahlen der *Great Britain,* die 1844 von I. K. Brunel konstruiert wurde. Sie war 98,1 m lang, 15,5 m breit und 9,9 m hoch, besaß also fast dieselben Proportionen wie die Arche (ca. 6,3 zu 1). Brunel konnte sich auf das gesammelte Wissen vieler Generationen von Schiffkonstrukteuren stützen. Die Arche aber war das erste Schiff dieser Art! (Frederick A. Filby, *The Flood Reconsidered.* S. 93)

Die Zusammenführung der Tiere und ihre Versorgung

Der zweite wichtige Aspekt, der die Übernatürlichkeit der Flut zeigt, betrifft die luftatmenden Tiere, die überlebten. Wenn man sich die Aufgabe Noahs und seiner Familie einmal richtig vorstellt, wird deutlich, daß sie es nie allein hätten schaffen können, 30000 bis 40000 Tiere in die Arche zu bringen, selbst wenn sie während der einhundert Jahre nichts anderes getan hätten.

Diese Tatsache wird durch ein amüsantes Ereignis illustriert, das vor einiger Zeit in Italien wenige Kilometer südlich von Rom passierte. Ein Filmregisseur wollte die Geschichte von den Tieren und der Arche darstellen. Man verwandte viel Zeit und Mühe auf die Dressur einiger Tiere aus dem Zoo, die paarweise auf einer Rampe in ein Modell der Arche hineingehen sollten. Als die Zeit für die Aufnahmen gekommen war, stürmte jedoch ein Wasserbüffel die Rampe herauf, «bahnte sich krachend seinen Weg durch die Arche und raste wild schnaubend in Richtung Rom». In dem Bericht heißt es weiter: «Das wildere Verladegut des Dschungels wurde hinter Glas gefilmt».[11] Wir haben hier eine Bestätigung für die Überzeugung, daß offensichtlich übernatürliche Faktoren diese Phase des Flutgeschehens beeinflußten.

Einige Wissenschaftler behaupten, in der Arche hätten sich nur gezähmte Tiere befunden, und somit sei die gestellte Aufgabe für Noah und seine Familie nicht unlösbar gewesen.

George Cansdale, ein britischer Zoodirektor, Autor des Buches *Animals of Bible Lands* (London, Paternoster Press, 1970), schreibt: «Noahs Hauptaufgabe war die Rettung der Paarungsgruppen der gezähmten Tiere, die mit dem Menschen in enger Verbindung standen und stark von ihm abhängig waren. So war auf der Erde, die von der Flut zwar sehr in Mitleidenschaft genommen, aber doch nicht vollständig zugrunde gerichtet war, ein rascher Neuanfang möglich.»[13]

In seinem neueren Werk *The Flood Reconsidered* folgt F.A. Filby, ein britischer Chemiker, demselben Gedankengang. Er meint, daß sich die meisten Schwierigkeiten auflösen, wenn wir die wilden Tiere bei der diesbezüglichen Erörterung ausklammern:

> Die Giraffe hätte einen besonderen Stall gebraucht, um ihren Hals ausstrecken zu können — wenn wir aber Zentralafrika nicht zu der Welt rechnen, die Noah bekannt war, besteht dieses Problem nicht. Das Mastodon aus Südamerika hätte eine lange Reise machen müssen, um Sumerien zu erreichen, und der Riesenpanda aus China hätte einen eigenen Vorrat an Bambusschößlingen gebraucht, um das Jahr überleben zu können. Aber es scheint, daß nach dem biblischen Bericht Mastodons und Riesenpandas nicht unbedingt in der Arche sein mußten. ... man nimmt wohl besser an, daß Noah (vielleicht gezähmte) Rinder, Schafe, Ziegen, Pferde, Esel, Kamele, Verwandte des Rotwilds, Vertreter der Katzen-, Hunde-, Biber-, Fuchs-, Schweine-, Maultier-, Ratten- und Hasenarten sowie viele Vögel zusammentrieb. ... Noah mußte wahrscheinlich nur eine geringe Anzahl der fleischfressenden Tiere der Erde mit in die Arche nehmen.[14]

11 Michael A. Vaccaro, «A Literal View of the Bible in Hustons's New Movie: NOAH», Look Magazine, 27. Juli 1965, S. 25.

13 George S. Cansdale, «A Universal Flood: Some Practical Difficulties», Faith and Thought (Journal of the Victoria Institute), Bd. 98, Nr. 2/3, 1970, S. 66.

14 Frederick A. Filby, «The Flood Reconsidered» (Grand Rapids; Zondervan Pub. House, 1971), S. 85.86.

Aber an welcher Stelle legt die Genesis den Gedanken nahe, daß Noah nur gezähmte Tiere mit in die Arche nehmen sollte? Der Zweck der Flut war, «vom Menschen bis zum Vieh, bis zum Gewürm und bis zum Gevögel des Himmels» (6,7) alles zu vernichten, «um alles Fleisch unter dem Himmel zu verderben, in welchem ein Hauch des Lebens ist» (6,17; vgl. 6,12-13. 19-21; 7,2-4.8.14-16; 8,1.17-19; 9,8-17). Mit genau denselben Ausdrücken wird im ersten Kapitel der Genesis die Erschaffung der verschiedenen Arten von Landtieren beschrieben. Müssen wir, wenn nur gezähmte Tiere in der Arche gewesen sein sollen, etwa annehmen, daß Gott im ersten Kapitel der Genesis nur gezähmte Tiere erschuf? Ganz im Gegenteil! Der Autor hätte sich nicht deutlicher ausdrücken können, um *die Gesamtheit der luftatmenden Tiere der Welt* zu bezeichnen. Sobald dieser Punkt einmal zugestanden wird, kann es über das geographische Ausmaß der Flut keine Diskussion mehr geben, denn niemand würde wohl behaupten, daß in den Tagen Noahs sämtliche Landtiere der Erde im Tal Mesopotamiens lebten!

An dieser Stelle müssen wir uns eine sehr wichtige Frage stellen. Wenn wir darauf bestehen, die Zusammenführung der Tiere für den unwiedergeborenen Menschen dadurch völlig plausibel zu machen, daß wir alle übernatürlichen Elemente eliminieren, *haben wir dann nicht auch den biblischen Bericht als solchen vollkommen unvernünftig gemacht?* Man kann hier an Aussagen wie die von Dr. Filby denken, der schreibt: «Wenn Gefahren drohen, suchen die Tiere, besonders jüngere, jemanden, der sie beschützen kann. Wir können sehr wohl annehmen, daß sich die meisten Tiere bei dem tobenden Sturm außerhalb der Arche und der Wärme, Nahrung, Bequemlichkeit und Sicherheit, die sie bot, Noah gegenüber wie zahme Haustiere verhielten, die bei ihren Besitzern Schutz und Freundschaft suchen (selbst wenn man die Macht Gottes völlig außer acht läßt, die sicher eine Rolle hätte spielen können).»[15] Ist es aber tatsächlich möglich, daß jene Tiere nur wegen eines Sturmes plötzlich zu friedlichen Haustieren wurden? Außerdem erfahren wir ja aus dem Text, daß der «Sturm» erst einsetzte, als alle Tiere in der Arche waren! Wenn wir uns solche «Harmoni-

15 Filby, «The Flood Reconsidered», S. 86.

sierungen» zwischen der Wissenschaft und der Bibel vor Augen halten, müssen wir dem Urteil von Andrew D. White zustimmen, der sagte: «Jeder mischt mehr oder weniger Wissenschaft mit mehr oder weniger Bibel und erhält als Ergebnis mehr oder weniger Unsinn.»[16]

Auch Donald Patten versucht in seinem bekannten Buch *The Biblical Flood and the Ice Epoch,* die Zusammenführung der Tiere ohne einen übernatürlichen Eingriff Gottes zu erklären. Aber sein Erklärungsversuch muß wirklich als absurd bezeichnet werden. Nachdem er verschiedene Beispiele für das abnormale Verhalten von Tieren kurz vor Naturkatastrophen angeführt hat, erklärt er: «Die Tiere, die im Bericht der Genesis erwähnt werden — zahme und wahrscheinlich auch wilde —, kamen sieben Tage vor der Flut in die Arche, also sieben Tage, ehe es zu regnen anfing und das Wasser der Meere zu steigen begann. *Offensichtlich muß es umfangreiche Vorwarnungen gegeben haben, Mikrovibrationen oder winzige Erdstöße, die seismischer Natur waren* und die kommende Katastrophe ahnen ließen.»[17]

Was will Patten uns hier eigentlich glaubhaft machen? Nach seiner Theorie wurden zwei Vertreter sämtlicher Arten der luftatmenden Tiere sowie sieben Vertreter der für das Opfer geeigneten Tierarten durch eine Reihe von Mikrovibrationen in der Erdkruste zu der Arche getrieben. Diese Vibrationen sollen durch den Planeten Merkur verursacht worden sein, der an der Erde vorbei in seine gegenwärtige Umlaufbahn einschwenkte. Ist dem säkularen, intellektuellen Menschen des zwanzigsten Jahrhunderts durch sol-

16 Andrew D. White, «A History of the Warfare of Science with Theology in Christendom» (New York: George Braziller, Nachdruck 1955), S. 234.

17 Donald W. Patten, «The Biblical Flood and the Ice Epoch» (Seattle: Pacific Meridian Pub.Co., 1966), S. 64. Hervorhebung von mir. Obwohl Patten die Ansichten von Immanuel Velikovsky leicht kritisiert (S. 138,208), hat er im wesentlichen doch denselben Ansatz, indem er einen großen Teil der übernatürlichen Ereignisse, von denen in der Schrift berichtet wird (z.B. der Auszug aus Ägypten, S. 181), mit einer rein zufälligen astralen Katastrophenlehre erklären will. Patten glaubt an eine ursprüngliche Schöpfung (S. 266), hat aber doch eine unzureichende Einstellung zur Schrift (S. 216 Fußnote; S. 307). Zu einer kritischen Rezension seines Buches (durch Henson, Mulfinger, Reymond und Williams) vgl. «Creation Research Society Quarterly», März 1969 S. 129-132. Vgl. auch Alvin O. Ramsleys Rezension in «Journal of the American Scientific Affiliation» (im folgenden mit JASA abgekürzt), Dezember 1967, S. 122-123.

che Erklärungen wirklich geholfen, den Bericht der Genesis ernstzunehmen? Die Antwort auf diese Frage ist wohl leicht zu geben.

George Cansdale gibt die Sturmtheorie Filbys und die Astraltheorie Pattens auf und überläßt die gesamte Verantwortung Noah selbst. Er versichert uns: «Die Menschen waren in diesem frühen Stadium der Geschichte in der Lage, eine ganze Reihe großer, wilder Tiere zu fangen, zu dressieren und zu zähmen, und das in einer Weise, die uns geradezu unglaublich erscheint. Sie entwickelten dabei ein großes Geschick, das uns seit langem verlorengegangen ist.»[18] Aber wie kann diese Erklärung mit Gen. 6,20 übereinstimmen, wo Gott Noah verheißt: «Zwei von jeglichem sollen zu dir hineingehen, um sie am Leben zu erhalten»? Cansdale beruft sich hier auf die vorangehende, etwas allgemeinere Aussage in 6,19 («zwei von jeglichem sollst du in die Arche bringen»), läßt jedoch die beiden späteren, genaueren Aussagen von 7,9 («und von allem was sich auf dem Erdboden regt, kamen zwei und zwei zu Noah in die Arche, ein Männliches und ein Weibliches, wie Gott dem Noah geboten hatte») und 7,16 («und die hineingingen, waren ein Männliches und ein Weibliches von allem Fleische, wie Gott ihm geboten hatte. Und der Herr schloß hinter ihm zu») außer Betracht. Robert Jamieson gab zu, daß die Tiere «aus einem übermächtigen göttlichen Antrieb heraus gekommen sein müssen, da ihre Zusammenführung in *Paaren* durch kein anderes Prinzip erklärbar ist».[19] Bernard Ramm, der die Vorstellung einer universalen Flut leugnet und sich gegen eine «endlose Kette von Wundern» sträubt, räumt immerhin ein, daß die Tiere «von einem göttlichen Instinkt geleitet» in die Arche gingen.[20]

Warum können wir den gordischen Knoten der endlosen Spekulation nicht durchschneiden und einfach zugeben, daß *Gott allein* in der Lage war, je zwei Vertreter der Grundarten der luftatmenden Tiere zur Arche zu bringen — und daß Noahs Aufgabe, die Arche zu bauen, zweifelsohne ausreichte, seine Zeit vollständig auszufüllen? Viele, die über Noahs Warnungen gespottet hatten (vgl. Hebr. 11,7; 1. Petr. 3,20; 2. Petr. 2,5), müssen wohl ziemlich

18 Cansdale, «A Universal Flood», S. 65-66.

19 «Jamieson, Fausset, and Brown Commentary» (Grand Rapids: Wm. B. Eerdmans Pub. Co., Neudruck 1948), I,95.

20 Ramm, «The Christian View», S. 249.

beeindruckt oder gar erschrocken gewesen sein, als mit einem Mal Zehntausende von Tieren, offensichtlich von der mächtigen Hand Gottes geführt, zur Arche kamen!

Die Gelehrten sind jedoch an diesem Punkt mit ihren Einwänden noch immer nicht am Ende. Verschiedene christliche Wissenschaftler, die immerhin zugeben würden, daß man die Tiere irgendwie in die Arche hätte bringen können, versichern uns, daß Noah und seine Familie unmöglich mit einer derart großen Ansammlung von Tieren auf einem Boot hätten fertig werden können, das ein ganzes Jahr lang auf dem Meer umhertrieb. Man macht sich über die Annahme einer universalen Flut lustig, indem man in düsteren Schilderungen die Situation der Tiere beschreibt — wie sie von den Bewegungen der Arche auf dem Wasser in Angst versetzt wurden, während die verzweifelten menschlichen Mitglieder dieser schwimmenden Menagerie vergeblich versuchten, sie zu beruhigen und mit den größer werdenden sanitären Problemen fertig zu werden.[21] Bernard Ramm meint zum Beispiel, daß die wenigen Menschen, die in der Arche waren, völlig überfordert gewesen wären, den Mist wegzuschaffen und alle Tiere zu füttern.[22]

Solche Vorstellungen widersprechen eindeutig den klaren Aussagen und Folgerungen, die sich von selbst aus dem Text ergeben. Unser Gott ist ein Gott der Ordnung, nicht der Unordnung (1. Kor. 14,33.40). Noah war durch übernatürliche Umstände in diese Situation geraten — würde Gottes Macht nicht auch ausreichen, ihn jetzt zu bewahren (vgl. Phil. 1,6; Gal. 3,3)? Eine ähnliche Situation finden wir später in der Genesis, als das Volk Israel durch die übernatürliche Hilfe Gottes aus der Sklaverei Ägyptens befreit wurde — und dann in der trockenen, öden Wüste landete, wo es scheinbar hoffnungslos war, für die Millionen von Menschen Nahrung und Wasser zu finden! Hörten nun die Vorkehrungen Gottes plötzlich auf, die Mose und sein Volk zuvor auf wunderbare Weise erlebt hatten? Jeder, der die Bibel kennt, weiß die Antwort.

In Gen. 8,1 finden wir bei näherer Betrachtung einen wichtigen

21 Vgl. Custance, «The Extent of the Flood», S. 19-20.
22 Ramm, «The Christian View», S. 246.

Schlüssel für die Lösung dieses scheinbar unüberwindlichen Problems. Dort heißt es, daß Gott an Noah und alle Tiere in der Arche *gedachte*. Kidner schreibt: «Wenn das Alte Testament berichtet, daß Gott 'gedachte', dann verbindet dies die Vorstellung von der treuen Liebe (vgl. Jer. 2,2; 31,20) mit dem Gedanken des rechtzeitigen Eingreifens. Das 'Erinnern' Gottes schließt immer die Bewegung in Richtung auf das Objekt seiner Erinnerung ein (vgl. Gen. 19,29; Exod. 2,24; Luk. 1,54.55).»[23] Aber wie verfuhr Gott in unserem Fall? Wir glauben, daß Gott die Tiere für ein ganzes Jahr auf übernatürliche Weise in einen Winter- oder Sommerschlaf versetzte, wodurch ihre Körperfunktionen auf ein Minimum reduziert wurden und Noah und seine Familie sich somit überhaupt nicht um sie kümmern mußten.

Welche Hinweise auf diesen doch so wichtigen Aspekt finden wir in der Bibel? Wir müssen *erstens* annehmen, daß Gott die Körperfunktionen dieser Tiere bereits steuern mußte, um die Tiere überhaupt in die Arche zu bekommen — ihre gesamten natürlichen Instinkte waren während dieser Zeit auszuschalten. Wir haben bereits gezeigt, daß alle anderen Erklärungsversuche fehlschlagen. *Zweitens* war während der einjährigen Flutperiode keine Vermehrung der Tiere möglich (auch nicht unter den Hasen!), denn die Arche war gerade groß genug, um je ein Paar aufzunehmen. Außerdem verließen die Tiere nach einem Jahr die Arche so, wie sie sie betreten hatten — je zwei und zwei. Und Gott gab den Tieren, erst nachdem Noah sie aus der Arche geführt hatte, den Befehl, «daß sie wimmeln auf Erden und fruchtbar seien und sich mehren auf Erden» (8,17). Selbst wenn man annimmt, daß nur gezähmte Tiere mit an Bord genommen wurden (wie Cansdale, Filby, Custance und Ramm es tun), wäre das Arbeitspensum für die acht Leute *immer noch* riesig, wenn nicht gar unerfüllbar gewe-

23 Derek Kidner, «Genesis: An Introduction and Commentary» (Chicago: Inter-Varsity Press, 1967), S. 92. Vgl. auch W. Gesenius, «Hebräisches und aramäisches Handwörterbuch über das Alte Testament» (Berlin, Springer-Verlag, 1962), S. 198. Hanna betete: «Herr der Heerscharen! wenn du ... meiner *gedenken* wirst» (1. Sam. 1,11). Simson schrie zu Gott: «Herr, Herr! *gedenke* doch meiner» (Ri. 16,28). Der sterbende Verbrecher rief: «Jesus, *gedenke* meiner» (Luk. 23,43). Man beachte in allen diesen Fällen die spektakulären Maßnahmen, die Gott dann jeweils ergriff.

sen, wenn sie für *mehrere hundert* Tiere in dem Schiff, das monatelang auf dem Meer trieb, hätten sorgen sollen!

Im Blick auf die Zusammenführung der Tiere und ihre Versorgung während des ganzen Flutjahres ergibt der Bericht der Genesis nur dann einen Sinn, wenn man ihn *konsequent übernatürlich* versteht. Die genannten Faktoren können mit einer Flutvorstellung *nicht* harmonisiert werden, die den Text «einfach» machen und lediglich eine Folge von natürlich-schicksalhaften Ereignissen gelten lassen will.

Känguruhs und Noahs Arche

Frage: Wie konnten Känguruhs von Australien aus zu Noahs Arche gelangen?

Antwort: Das war überhaupt nicht nötig. Mindestens zwei Vertreter von den Arten luftatmender Tiere, die Känguruhs eingeschlossen, müssen auf dem Kontinent gelebt haben, auf dem die Arche gebaut wurde. Sie konnten, von Gott geleitet, zu Noah kommen (Gen. 6,20; 7,9), ohne daß sie Ozeane hätten überqueren müssen.

Frage: Wie gelangten Känguruhs nach der Flut vom Berg Ararat nach Australien?

Antwort: In der Zeit unmittelbar nach der Flut verband offenbar eine große Landbrücke die beiden Kontinente Asien und Australien. In dieser äußerst intensiven Phase der «Eiszeit» wurden riesige Wassermassen in den Polarregionen festgehalten, so daß der Meeresspiegel einige hundert Meter niedriger war als heute. Die Karte vom Meeresboden des Pazifischen Ozeans (National Geographic, Oktober 1969) läßt den seichten Festlandsockel deutlich erkennen, der sich selbst heute noch von Indochina bis fast nach Australien erstreckt.

Indonesische und amerikanische «Dinosaurier»

Die evolutionistischen Wissenschaftler glauben, daß die Dinosaurier einige Millionen Jahre vor dem Auftreten des Menschen ausstarben. Die Bibel enthält jedoch Hinweise, aus denen man schließen kann, daß Menschen und Dinosaurier einst gleichzeitig auf der Erde lebten. Zum Beispiel zeigen die Verse in Röm. 5,12 und 8,20-22, *daß bis zu Adams Fall der Tod noch nicht im Tierreich herrschte.* Somit muß der Tod und die Fossilbildung von Dinosauriern *nach der Vertreibung aus dem Paradies von Gen. 3* eingetreten sein. Aus Hiob 40,10-19 («Sieh doch den Behemoth ... er frißt Gras wie das Rind. ... er biegt seinen Schwanz gleich einer Zeder. ... Er ist der Erstling der Wege Gottes») können wir entnehmen, daß Dinosaurier wie z.B. der *Brontosaurus* noch um 2000 v.Chr. in einigen Flußtälern des Nahen Ostens lebten. Man hört oft die Erklärung, daß in dieser Stelle auf das Nilpferd angespielt werde; der Vergleich des Schwanzes mit einer Zeder widerspricht jedoch dieser Annahme.

Wissenschaftliche Entdeckungen haben den biblischen Befund in diesem Zusammenhang bestätigt. Man fand menschliche Fußspuren unter den Fußspuren von reptilischen Dinosauriern (vgl. Whitcomb und Morris, *Die Sintflut,* S. 202-204). Wenn wir den Begriff «Dinosaurier» in seiner ursprünglichen Bedeutung «schreckliche Eidechse» nehmen, dann sind die Dinosaurier selbst heute noch nicht ausgestorben! Auf der kleinen indonesischen Komodoinsel leben heute noch ca. 1000 Riesenechsen, die *Komodowarane* genannt werden (vgl. National Geographic Magazine, Dez. 1968, S. 872-880). Wenn der amerikanische Alligator heute auch zu 99 % ausgestorben ist und nur selten länger als 3,7 m wird, wurde er immerhin noch um die Jahrhundertwende bis zu 6 m lang (vgl. National Geographic Magazine, Januar 1967, S. 137). Noch vor ca. 500 Jahren lebte auf Madagaskar der *Aepyornis,* ein Dinosauriervogel, der über 3 m groß war und eine halbe Tonne wog (vgl. National Geographic Magazine, Okt., 1967, S. 493). Wir müssen heute unsere Anschauungen über Dinosaurier notwendigerweise korrigieren.

Die Hebung der ozeanischen Wasser

Der dritte übernatürliche Aspekt im Blick auf die Flut war die Hebung der ozeanischen Wasser, die durch das Aufbrechen der

«Quellen der großen Tiefe» (7,11) verursacht wurde. Der biblische Text schließt hier die Möglichkeit einer rein zufälligen Kombination von natürlichen geologischen Ursachen aus. Es wird nämlich berichtet, daß «*alle* Quellen der großen Tiefe» beteiligt waren und an *ein und demselben Tag* aufbrachen — am siebzehnten Tag des zweiten Monats im sechshundertsten Jahr des Lebens Noahs.[24] Dieser Tag der Weltgeschichte war in der Tat beachtenswert, als Gott den empfindlichen Gleichgewichtszustand der urzeitlichen Kontinente und Meere (vgl. Jes. 40,12) durcheinanderbrachte und eine Katastrophe auslöste, die so gigantisch war, daß «die damalige Welt (*Kosmos*), vom Wasser überschwemmt, unterging» (2. Petr. 3,6).

Diese Hebung der Ozeanbecken, die von gewaltigen Explosionen der subozeanischen und unterirdischen Magmen und Dämpfen[25] begleitet war und eine entsprechende Senkung der Kontinente nach sich zog, dauerte sechs Wochen, bis die Flut schließlich ihr Maximum erreicht hatte und die Berge bedeckte (7,20). Sie behielt diese Höhe 110 Tage lang bei, bis alle Lebewesen auf den Kontinenten vernichtet waren. Die Einzigartigkeit dieser geologischen Diskontinuität in der Erdgeschichte wird in Gen. 8,21-22 betont: «Und ich will hinfort nicht mehr schlagen, was da lebt, wie ich getan habe. Solange die Erde steht, soll nicht aufhören Saat und Ernte, Frost und Hitze, Sommer und Winter, Tag und Nacht» (Zürcher Bibel). Auch der Wortlaut des Bundes mit Noah (Gen. 9,8-17), der in Jes. 54,9 («als ich schwur, daß die Wasser Noahs die Erde nicht mehr überfluten sollten») wiederholt wird, bestätigt die übernatürliche Einmaligkeit dieser weltweiten Katastrophe.

24 Die hundertjährige Gnadenfrist, die übernatürliche Zusammenführung der Tiere, sowie die Chronologie des Flutjahres lassen es kaum zu, die «astrale Katastrophenlehre» von Velikovsky und Patten ernstzunehmen. Patten meint, daß wir *wissenschaftlich* darlegen müßten, wie die Flut sich ereignete, weil die Geologie sonst «leicht in ihrem uniformitarianistischen Bett noch für weitere hundert Jahre ihren Winterschlaf fortsetzen könnte» (The Biblical Flood and the Ice Epoch, S. 20). Aber sein Versuch, die Flut als eine natürliche Folge der Einflußnahme eines Sternes zu erklären, der das Gleichgewicht der Erde gestört haben sollte, ignoriert eindeutige biblische Aussagen, die das übernatürliche Handeln Gottes beschreiben bzw. voraussetzen. Es ist tatsächlich zu fragen, ob hier die Genesis nicht *manipuliert* wird, um einer zuvor aufgestellten Theorie genügen zu können.

25 Vgl. Whitcomb und Morris, «Die Sintflut», S. 154, 158, 159, 400-402.

Die Freigabe der Wasser «oberhalb der Ausdehnung»

Die meisten Exegeten verstehen «die Wasser, die über der Feste sind» (Gen. 1,7) gewöhnlich im Sinne von Regenwolken. Sie setzen stillschweigend voraus, daß die heutigen Bedingungen in der Atmosphäre sich seit der Schöpfung im wesentlichen nicht geändert haben. Diese Annahme widerspricht jedoch der eindeutigen Aussage von Gen. 7,11-12, wo es heißt: «Und die Fenster des Himmels taten sich auf. Und der Regen fiel auf die Erde vierzig Tage und vierzig Nächte.» Diese Stelle kann sich nur auf den Zusammenbruch einer gewaltigen transparenten Dunsthülle beziehen, die nur in der Zeit vor der Flut vorhanden war. Es waren immerhin *sechs Wochen* notwendig, bis sich dieses Wasser abgeregnet hatte! Wenn sich jedoch der gesamte Wasserdampf und die Wolken der heutigen Atmosphäre niederschlagen würden, regnete es nur einige wenige Stunden, und die durchschnittliche Niederschlagshöhe betrüge weniger als 5 cm.[26]

Wenn von dem zweiten Schöpfungstag an bis zur Flut eine derart umfangreiche Dunsthülle tatsächlich existierte, müssen sich die damaligen klimatischen Bedingungen von denen, die wir heute beobachten, ziemlich stark unterschieden haben. Es kann erstens als wahrscheinlich gelten, daß es vor der Flut nie geregnet hat (vgl. Hebr. 11,7 — «das, was noch nicht zu sehen war») und während der ganzen vorsintflutlichen Periode ein Dunst von der Erde aufstieg und die Oberfläche der Erde befeuchtete (Gen. 2,5.6).[27]

Da diese Dunsthülle einen Treibhauseffekt auf der Erde zur Folge hatte, gab es zweitens — bezogen auf die verschiedenen Erdteile — keine großen klimatischen Schwankungen.[28] Erst nachdem dieses Wasser sich abgeregnet hatte, lesen wir — zum er-

26 Vgl. Lincoln Barnett, Hrsg., «The World We Live In» (New York: Time, Inc., 1955), S. 81.

27 Vgl. Leupold, «Exposition of Genesis» (Grand Rapids: Baker Book House, 1949), S. 112-14. Anderer Meinung ist z.B. R. Laird Harris, «The Mist, The Canopy, and the Rivers of Eden», Bulletin of the Evangelical Theological Society, Bd. 11, No. 4 (Frühjahr 1968), S. 177-79.

28 Vgl. Whitcomb und Morris, «Die Sintflut», S. 269-271. Eine zusätzliche Quelle für die Wasser der Flut, von den Meeren abgesehen, scheint in 2. Petr. 3,5 angedeutet zu sein: «... aus Wasser und durch Wasser».

sten Mal — von großen Winden (8,1), die auf bedeutende Temperaturunterschiede zwischen den äquatorialen und den polaren Regionen schließen lassen. In den Polargegenden, in denen einst tropische Pflanzen und Tiere in großer Zahl gelebt hatten, begannen sich plötzlich gewaltige Schnee- und Eismassen aufzuhäufen.

So unterschied sich also «die damalige Welt», wie der Apostel Petrus den vorsintflutlichen Kosmos nennt, von den «jetzigen Himmeln und der jetzigen Erde» in vieler Hinsicht (2. Petr. 3,6.7). Eine der wichtigsten Ursachen für diesen Unterschied ist nach unserer Überzeugung die übernatürliche Öffnung der «Fenster des Himmels»[29] — die Wasser, die sich oberhalb der atmosphärischen Ausdehnung («Firmament» bei Luther)[30] befanden, fielen in einer nicht mehr wiederholbaren Art und Weise auf die Erde und vereinigten sich zum ersten Mal seit dem zweiten Tag der Schöpfungswoche mit den Meeren. Wieder einmal muß ein bloß zufälliges Zusammentreffen von natürlichen Ursachen, wie wir sie in der Geologie heute kennen, zur Erklärung des Flutgeschehens und der tiefgreifenden geologischen und meteorologischen Veränderungen, die sie veranlaßte, ausgeschlossen werden. Auch hier ist die einzige Möglichkeit, die uns verbleibt, ein übernatürlicher Eingriff.

Die Ausbildung der Ozeanbecken der Gegenwart

Wie der Beginn der Flut von einer übernatürlichen Intervention gekennzeichnet war, so wurde auch ihr Ende durch ein erstaunliches Wunder herbeigeführt. Wenn Gott nicht wiederum eingegriffen hätte, wäre die Erde für immer vom Wasser bedeckt gewesen

29 Ein Vergleich von 2. Kö. 7,2; Jes. 24,18 und Mal. 3,10 zeigt, daß die Juden den Ausdruck «Fenster des Himmels» als ein Wortbild verstanden.

30 Gen. 1,6-8. Paul H. Seely («The Three-Storied Universe», JASA, März 1969, S. 18-22) bestreitet die Existenz des biblischen «Firmaments», indem er die Bedeutung dieses Ausdrucks entstellt. Klärende Beiträge lieferten zu diesem Punkt R. Laird Harris und Robert C. Newman, («Briefe an den Herausgeber», JASA, September, 1969, S. 92-93); und Walter C. Kaiser jr., «The Literary Form of Genesis 1-11», in New Perspectives on the Old Testament, hrsg. von J. Barton Payne (Waco, Texas: Word Books, Inc., 1970), S. 57-58.

und das gesamte irdische Leben hätte sehr bald ein Ende gefunden.

Zwei Stellen der Bibel, die wir in verschiedenen alttestamentlichen Büchern finden, erwähnen diese besondere Tätigkeit Gottes. In Gen. 8,2-3 heißt es: «Und es wurden verschlossen die Quellen der Tiefe ... und die Wasser wichen von der Erde, fort und fort weichend.» Da das Aufbrechen der Quellen der großen Tiefen die Hebung des Meeresbodens zur Folge hatte, muß sich die «Verschließung» dieser «Quellen» auf eine Umkehrung dieses Prozesses beziehen. Es bildeten sich neue, viel tiefere Ozeanbecken, die als ungeheuer riesige Sammelbecken für die beiden «Ozeane» dienten, die vor der Flut durch die atmosphärische Ausdehnung voneinander getrennt waren (Gen. 1,7). Die natürliche Folge dieses Absinkens war das kontinuierliche Abfließen des Wassers von den Kontinenten, die wieder aus den Meeren auftauchten, wie es vordem am dritten Schöpfungstag geschehen war.

Die zweite Stelle, die im Blick auf die Beendigung der Flut wichtige Information enthält, ist Psalm 104,6-9. Wenn wir in diesem Psalm auch verschiedene Wortbilder vorliegen haben, ist sein Bezug auf die Flut trotzdem eindeutig als historisch anzusehen. Man nehme zum Beispiel die Aussage von V. 6 — «die Wasser standen über den Bergen» — und die von V. 9 — «du hast eine Grenze gesetzt, die überschreiten sie nicht; sie werden nicht zurückkehren, die Erde zu bedecken». Die letzten Worte stellen ganz offensichtlich eine Bezugnahme auf den noachitischen Bund von Gen. 9 dar, in dem Gott der Menschheit zusicherte, daß er *nie wieder* eine weltweite Flut senden würde (vgl. Jes. 54,9).

Die wichtigste Aussage dieses Psalms zu unserem Thema finden wir in V. 8: «Die Berge erhoben sich, es senkten sich die Täler.» Wir sahen bereits in Gen. 8,2, daß die Ozeanbecken am Ende der Flutperiode gesenkt wurden. Mit dieser Annahme stimmt der Satz — *es senkten sich die Täler* — überein. Gott senkte auf übernatürliche Weise verschiedene Abschnitte der Erdkruste, und das Wasser «floh» an die Stellen, die Gott den Tälern «festgesetzt» hatte. Es wird dort solange bleiben, wie die Erde existiert (vgl. Offb. 21,1) und wird die Kontinente kein zweites Mal überfluten.

Einige Gelehrte bestreiten, daß sich Psalm 104,6-9 auf die Flut und den noachitischen Bund beziehe, weil er Stellen wie Hiob

38,8-11, Psalm 33,7, Sprüche 8,22-31 und Jeremia 5,22 entspräche, in denen anscheinend von der ursprünglichen Hebung der Kontinente aus dem Meer während der Schöpfungswoche (Gen. 1,9) die Rede sei. Wenn sich die Kontinente jedoch zu zwei verschiedenen Zeitpunkten aus dem Meer erhoben, dann ist es ganz natürlich, daß wir ähnliche Ausdrücke zur Beschreibung dieser geologischen Krisen zu erwarten haben. Die Bibel macht jedoch mindestens zwei wichtige Unterschiede zwischen diesen Ereignissen. Erstens *bedeckte das Urmeer keine schon vorher existierenden Berge* (Ps. 104,6: «Die Wasser standen über den Bergen»). Zweitens *war das Urmeer nicht an eine ewige Verordnung gebunden* (Ps. 104,9: «Du hast eine Grenze gesetzt, darüber kommen sie nicht und dürfen nicht wieder das Erdreich bedecken.»)[31]

Die Meeresküste — eine ewige Grenze

Um 2000 v. Chr. stellte Gott folgende Fragen an Hiob: «Und wer hat das Meer mit Toren verschlossen ... als ich ihm meine Grenze bestimmte und Riegel und Tore setzte, und sprach: Bis hierher sollst du kommen und nicht weiter, und hier sei eine Schranke gesetzt dem Trotze deiner Wellen?» (Hiob 38,8-11). Die Bibel legt großen Wert auf den *noachitischen Bund,* den Gott mit der Menschheit schloß: «Und nicht mehr sollen die Wasser zu einer Flut werden, alles Fleisch zu verderben» (Gen. 9,15). Diese Stelle betont gleichzeitig auch die Einzigartigkeit der Sintflut als einer *globalen Katastrophe.* Wenn die Flut ein begrenztes Ausmaß hatte, ist der Bund mit Noah als totaler Mißerfolg zu bezeichnen, denn seit dieser Zeit gab es Hunderte von verheerenden lokalen Fluten!

Um 1000 v. Chr. wurde das Versprechen noch einmal bekräf-

31 Angesichts dieser Unterscheidungen kann man annehmen, daß Hiob 38,8-11 sich auf das Urmeer bezieht, weil keine ewige Verordnung erwähnt wird (andererseits weist die Erwähnung von der «Wolke» in V. 9 auf ein nachsintflutliches Phänomen hin, und V. 12 könnte an die Verordnung von Gen. 8,22 erinnern). Ps. 33,7 und Spr. 8,22-31 scheinen sich auf Ereignisse der Schöpfungswoche zu beziehen, erwähnen aber keinen ewigen Beschluß (vgl. Spr. 8,29). Aus diesem Grund und wegen der Verwandschaft zu Jes. 54,9 muß sich auch Jer. 5,22 auf die große Flut in den Tagen Noahs beziehen.

tigt: «Du hast eine Grenze gesetzt, die überschreiten sie nicht; sie werden nicht zurückkehren, die Erde zu bedecken» (Ps. 104,9). Um 700 v. Chr. wurde die Verheißung noch einmal bestätigt: «Denn dieses soll mir sein wie die Wasser Noahs, als ich schwur, daß die Wasser Noahs die Erde nicht mehr überfluten sollten; so habe ich geschworen, daß ich nicht mehr über dich ergrimmen, noch dich schelten werde» (Jes. 54,9). Schließlich wurde die Verheißung um 600 v. Chr. noch einmal bestätigt: «Wollt ihr mich nicht fürchten, spricht Jehova, und vor mir nicht zittern? Der ich dem Meere Sand zur Grenze gesetzt habe, eine ewige Schranke, die es nicht überschreiten wird; und es regen sich seine Wogen, aber sie vermögen nichts, und sie brausen, aber überschreiten sie nicht» (Jer. 5,22).

Diese eine Flut reichte aus, die Souveränität, Heiligkeit und Macht Gottes als Richter der gesamten Menschheit (Gen. 8,21; Ps. 29,10) für alle Zeiten zu demonstrieren. Aus diesem Grund wird die Welt nie wieder eine solche Flut erleben.

Die Ausbildung der Gebirgsketten der Gegenwart

Wir finden — und das ist sehr wichtig — in Ps. 104,6-9 einen Gedanken, der im Bericht der Genesis nur indirekt enthalten ist. Es bildeten sich nämlich nicht nur neue und tiefere Ozeanbecken, sondern es «erhoben sich» auch die Berge. Diese Aussage kann sich nicht einfach auf die Bergspitzen beziehen, die sich, als sich das Wasser senkte, zu erheben schienen. Das Geschehen wird also nicht etwa vom Standpunkt Noahs aus geschildert, als er aus dem Fenster der Arche über das Meer blickte. Sonst gäbe der parallele Satz «es senkten sich die Täler» keinen Sinn mehr, und der offenkundige Zusammenhang mit Gen. 8,3 würde durchbrochen. Psalm 104,8 besagt in der Tat, daß Gott auf übernatürliche Weise in den kontinentalen Gebieten große Gebirgsketten hochtreiben ließ, um ein Gleichgewicht zu den neuen Tiefen der Ozeanbecken zu schaffen. Die Topographie der Erde, wir wir sie heute haben, kam also nicht durch eine Addition unendlich kleiner Veränderungen zustande, die sich über riesige Zeitperioden hinweg ergaben, wie uns der uniformitarianistische Ansatz Lyells im Blick auf die Gebirgsbildung einreden will.[32] Sie ist vielmehr ein plötzliches, erstaunliches Werk Gottes. Neue Kontinente tauchten aus dem weltweiten Ozean auf und ihre Sedimentschichten (die von den ungeheuer komplexen Strömungen während des Flutjahres gebildet worden waren) hoben sich in den Gebirgsregionen der Erde mehrere tausend Meter über den Meeresspiegel.[33]

Diese Interpretation von Ps. 104,8 löst, nebenbei bemerkt, eines der größten Probleme, die bei der Vorstellung einer universalen Flut auftauchen. Es wird oft darauf hingewiesen, und das mit Recht, daß unsere Meere heute einfach nicht genügend Wasser haben, damit alle Berge der Erde bedeckt werden könnten. Dies sei selbst dann nicht möglich, wenn die Ozeanbecken auf irgendeine Weise auf das Niveau des heutigen Meeresspiegels gebracht würden. Der Wasserstand betrüge in diesem Fall nämlich nur ca. 3600 Meter, während viele Berge doch höher seien als 6000 Meter. Wenn sich jedoch diese Gebirge (mit ihren Meeresfossilien) erst *nach* der Flut zu ihrer gegenwärtigen Höhe erhoben haben, dann dürfen wir annehmen, daß keiner dieser «hohen Berge», die es vor der Flut auf der Erde gab (Gen. 7,19), höher war als ca. 2000 Meter.

Die hohen Gebirge nach der Flut

Übermäßig hohe, schneebedeckte Gebirge konnte es vor der Flut nicht gegeben haben. «Die Welt, die unterging», hatte niedrige, flache Berge, die wohl nicht höher waren als ca. 2000 Meter,

32 Am Anfang des 19. Jahrhunderts machte Charles Lyell den «uniformitarianistischen» Ansatz für die Erdgeschichte populär. Die Uniformitarianisten vertreten die Auffassung, daß die geomorphen Prozesse, die wir heute in ihrem Ablauf beobachten können, wie z.B. die Erosion, Sedimentation, Gletscherbildung, Vulkanismus, Veränderungen der Erdoberfläche etc. (die alle *im wesentlichen* immer gleich abliefen wie heute) angeführt werden können, um den Ursprung und die Bildung *sämtlicher* geologischen Merkmale der Erde zu erklären. Vergleiche die Definitionen von Uniformitarianismus und Katastrophismus in Whitcomb und Morris, «Die Sintflut», S. 33-35.

33 Der uniformitarianistische Ansatz kann für die Gebirgsbildung einfach keine Erklärung finden. Vgl. «Die Sintflut», S. 172-174; und Immanuel Velikovsky, «Earth in Upheaval» (New York: Dell Pub. Co., Neuauflage 1965), S. 70-92.

denn sie wurden von den Flutwassern vollständig bedeckt (Gen. 7,19.20: «Und es wurden bedeckt alle hohen Berge, die unter dem ganzen Himmel sind ... und die Berge wurden bedeckt»). Falls die Erdoberfläche keinerlei Unregelmäßigkeiten aufweisen würde, betrüge die Wassertiefe auf der Erde über drei Kilometer. Wenn also der Berg Ararat, der fast fünf Kilometer hoch ist (oder der Mount Everest, der über acht Kilometer hoch ist), *vor* der Flut so hoch gewesen wäre, könnte er von der Flut nicht überschwemmt worden sein.

Die Heilige Schrift sagt uns, daß sich die Berge erst *nach* der Flut erhoben (Ps. 104,8). Sie erreichten ihre heutige Höhe plötzlich und auf übernatürliche Weise, denn der Eingriff Gottes führte unmittelbar dazu, daß sie «flohen und fortgetrieben wurden an den Ort, den du ihnen festgesetzt hattest» (Ps. 104,7.8). Die uniformitarianistischen Geologen suchten vergeblich nach den Kräften, die für die Hebung der großen Gebirgsketten der Welt notwendig sind (vgl. Whitcomb und Morris, «Die Sintflut», S. 172-174). Clifford L. Burdick lieferte das geologische Beweismaterial für die plötzliche Hebung des Ararat («Ararat — The Mother of Mountains», Creation Research Society Quarterly, Juni 1967, S. 5-12).

Schlußfolgerung

Wenn bibeltreue Christen die Flut in ihrer grundsätzlichen Übernatürlichkeit, wie sie in den verschiedenen Stellen der Bibel vorgestellt wird, ernstnehmen wollen, *müssen sie sich von dem normalen Ansatz der historischen Geologen im Blick auf die Geschichte unseres Planeten trennen.* Dieser Ansatz läßt nämlich den Bericht der Genesis über diese weltweite Katastrophe vollständig außer acht und versucht, die geologischen und paläontologischen Merkmale der Erde im Sinne des Uniformitätsprinzips zu erklären.

Die Flut stellt eine scharfe Demarkationslinie zwischen unserer Welt mit ihrem grundlegenden, uniformen Zyklus von Saat und Ernte, Frost und Hitze, Sommer und Winter, Tag und Nacht

(Gen. 8,22) und der «damaligen Welt» mit ihren flachen, fossilfreien und eisfreien Bergen, ihrem regenlosen Himmel, ihrem universal warmen und feuchten Klima und ihren flachen Meeren dar. Die Umwandlung, die jener Welt ein Ende setzte und unsere Welt in Gang brachte, war so plötzlich und total umwälzend, wie es einmal der Wechsel sein wird, der auch dieser Welt ein Ende setzen und den «neuen Himmel» und die «neue Erde» einleiten wird, von denen in Offb. 21,1 die Rede ist. Unsere gegenwärtige Welt mit ihren gesamten Naturprozessen eignet sich daher weder für die Beurteilung und Bestimmung der ewigen Vergangenheit, noch für die ewige Zukunft als wissenschaftliche Grundlage — sie ist ein einmaliges, kosmisches Intermezzo, das von weltumfassendem Feuer auf der anderen Seite eingerahmt ist. Als Christen, die bestrebt sind, Gott und sein Wort zu ehren, sollen wir uns nicht der Preisgabe dieses unfehlbaren Wortes an menschliche Traditionen schuldig machen (vgl. Mark. 7,7-8), wenn wir den biblischen Flutbericht zu verstehen suchen.

Kapitel 2

Gott zerstörte diese Welt — auf übernatürliche Weise

Wenn man zugibt, daß die Bibel eindeutig von einem übernatürlichen Anfang und Ausgang der Flut spricht, dann beseitigt man dadurch einen Haupteinwand gegen die geographische Universalität derselben. Es ist gewiß richtig, daß eine derartige Katastrophe nie stattgefunden haben könnte, wenn man die erstaunlichen Wunder ausschließt. Eine ganze Anzahl konservativer Ausleger räumen zwar bereitwillig ein, daß solche Wunder stattfanden, anerkennen jedoch nur zögernd, daß die Bibel unzweideutig von dem weltweiten Ausmaß der Flut spricht. Dieses Zögern erklärt sich durch mehrere Gründe, die sich zum großen Teil auf angeblich geologische Bedenken stützen. Bevor wir jedoch die geologischen Aspekte der Flut betrachten, müssen wir uns zuerst einen Überblick über den biblischen Tatbestand, der für die Universalität der Flut spricht, verschaffen.

Die Tiefe der Flut

Der wahrscheinlich wichtigste Hinweis auf die Universalität der Flut ist die Aussage in Gen. 7,19.20 («Und die Wasser nahmen gar sehr überhand auf der Erde, und es wurden bedeckt alle hohen Berge, die unter dem ganzen Himmel sind»). Wenn nur *ein* hoher Berg auch nur für *eine Woche* von den Wassermassen der Flut bedeckt gewesen wäre, hätten diese offensichtlich an jeder anderen Stelle der Erde aufgrund der Schwerkraft eine annähernd gleiche Tiefe erreichen müssen. Gen. 7,20 weist jedoch darauf hin, daß *kein einziger Berggipfel* über der Wasseroberfläche mehr zu sehen war («Fünfzehn Ellen darüber nahmen die Wasser überhand, und die Berge wurden bedeckt»). Die meisten Ausleger sind sich darin einig, daß sich die fünfzehn Ellen (ca. 6,6 m) auf Noahs Arche beziehen müssen, die einen Tiefgang von ungefähr fünfzehn Ellen (die halbe Höhe der Arche) hatte. Somit stand das Wasser in den 110 Tagen, in denen es auf der Erde «überhandnahm», mindestens so hoch über den höchsten Bergen, weil sonst die Arche auf einem dieser Berge gestrandet wäre.

Arthur Custance kann sich dieser Interpretation nicht anschließen; er meint, wenn die Flut die Berge überschwemmt hätte, würde die «verdünnte Atmosphäre, die über dem Mount Everest herrscht, alle Lebewesen — von einigen Ausnahmen abgesehen — aus Sauerstoffmangel innerhalb weniger Minuten bewußtlos gemacht haben».[1] Er bringt vor allem seine Sorge im Blick auf Noah und seine Söhne zum Ausdruck, die in solchen Höhen zwischen den drei Decks umherklettern mußten. Diese Sorge ist jedoch fehl am Platz — es ist eine grundlegende Tatsache, daß der Luftdruck *im Verhältnis von der Höhe zum Meeresspiegel* abhängt. Die Luftsäule über dem gehobenen Meeresspiegel während der Flut war gleich hoch, und der daraus sich ergebende Luftdruck auf Meereshöhe war genauso groß wie der gegenwärtige Druck auf Meereshöhe.

Die Dauer der Flut

Während es im Blick auf die genaue Tiefe der Flut unterschiedliche Ansichten geben kann (die von der Höhe der vorsintflutlichen Berge abhängig ist), kann es hinsichtlich ihrer Dauer *keine Zweifel geben*. Die Bibel teilt uns mit, daß die Flut nach *sechs Wochen* ihr Maximum erreichte und alle Berge bedeckte; sie setzte sich für *weitere sechzehn Wochen* fort und bedeckte «alle hohen Berge, die unter dem ganzen Himmel sind».

Hundertfünfzig Tage nach Beginn der Flut ging das Wasser langsam zurück, und die Arche landete auf einer der höchsten Bergspitzen (und zwar noch an demselben Tag, an dem das Wasser abzunehmen begann — Gen. 7,11; 8,3.4). *Zehn Wochen* später war über dem Meeresspiegel außer anderen Bergspitzen nichts

1 Custance, «The Extent of the Flood», S. 9.

zu sehen (8,4.5)! Und es dauerte dann noch weitere *einundzwanzig Wochen,* bis das Wasser so weit zurückgegangen war, daß Noah *in dem Gebirge Ararat* sicher die Arche verlassen konnte! Bis heute konnte man die Behauptung noch nicht zufriedenstellend erklären, wie eine Flut solchen Ausmaßes und solcher Dauer lediglich einen begrenzten Teil der Oberfläche hätte bedecken können.

Arthur Kuschke jr., der an der Theorie einer lokalen Flut festhält, schiebt alle diese Argumente einfach beiseite, als ob sie überhaupt keine Bedeutung hätten. «Ein physikalisches Ereignis», so meint er, «war der Anlaß, daß Wasser das Land überschwemmte! Aber wir können den Charakter, das Ausmaß und die Dimension dieses physikalischen Ereignisses einfach nicht beschreiben. Die Bibel gibt uns darüber keine Auskunft. Die Bibel berichtet lediglich, daß das Wasser anstieg und später wieder zurückging, über riesige Flutwellen sagt sie nichts. Von Noah und seiner Familie abgesehen, vernichtete die Flut die ganze Menschheit; wir wissen jedoch nicht, ob sie die ganze Erde bedeckte.»[2] Die Beweislast liegt natürlich auf der Seite derer, die behaupten, daß eine Flut, die ein ganzes Jahr andauerte und die Berge der Erde bedeckte, lokalen Ausmaßes gewesen sein könnte. Man muß sich wirklich fragen, was die Bibel sonst noch hätte erwähnen sollen, um die Tatsache zu betonen, daß die Flut weltweit war.

Die Notwendigkeit einer Arche

Bei unserer Behandlung der Ausmaße der Arche zeigten wir bereits, daß diese dem Nutzungszweck hervorragend entsprachen.[3] Wenn man die Sache jetzt aber von einem anderen Blickwinkel aus betrachtet und von der Frage nach der genauen Größe der Arche ganz absieht, dann muß man feststellen, daß bei einer nur lokalen Flut überhaupt keine Arche notwendig gewesen wäre! Die

2 Arthur W. Kuschke Jr., Rezension von «Die Sintflut» in Westminster Theological Journal, Mai 1962, S. 220. Abdruck in JASA, Juni 1964, S.62.

3 Siehe oben, S. 18 ff.

ganze Prozedur — die Konstruktion eines derartigen Schiffes, die über einhundert Jahre an Planung und mühseliger Arbeit erforderte —, die lediglich zur Bewahrung in einer lokalen Flut dienen sollte, kann kaum anders als unnötig bezeichnet werden und ist kompletter Unsinn! Es wäre viel vernünftiger gewesen, wenn Gott Noah einfach vor der kommenden Katastrophe gewarnt hätte; dann wäre noch genügend Zeit gewesen, sich in ein ungefährdetes Gebiet zu begeben, wie ja auch Lot aus Sodom herausgeführt wurde, bevor das Feuer vom Himmel fiel. Und nicht nur das, auch die vielen verschiedenen Tiere, vor allem die Vögel, hätten ohne weiteres aus der Gefahrenzone flüchten können, ohne ein ganzes Jahr in einem Schiff verbringen zu müssen! Der biblische Bericht kann mit der Theorie einer lokalen Flut nicht in Einklang gebracht werden.

Aber trotz dieses Arguments, das ganz offensichtlich und unwiderlegbar für eine weltweite Flut spricht, finden wir konservative Gelehrte, die die Theorie einer lokalen Flut vertreten. Ihre Untersuchungen sind jedoch viel zu inkonsequent, weil sie Konstruktion, Dimension, Kapazität und Zweck der Arche mit einem nur geringen Verständnis behandeln und *die Notwendigkeit einer Arche überhaupt* ernsthaft in Frage zu stellen scheinen. R. Laird Harris zum Beispiel beginnt seine Beschreibung der Arche mit dem Hinweis, daß der Bau der Arche und der Bau des Turmes in Babel «die beiden ersten größeren Unternehmungen des Menschen»[4] seien, von denen in der Bibel berichtet wird. Später beschreibt er den möglicherweise rautenförmigen Querschnitt der Arche,[5] die Werkzeuge, die wahrscheinlich zur Verfügung standen, die 9000 m² Deckfläche, sowie die Anzahl der Tiere, die untergebracht werden konnte. *Was sagt er dann im Blick auf die Flut, die diese Arche überstehen sollte?* Dr. Harris schreibt:

> Die Ausleger hatten vielleicht eine zu einfache Auffassung von der Flut. In der Bibel finden wir nur wenig Einzelheiten. Sie spricht von Bewegungen im Meeresboden, die den Wasserspiegel in den Weltmeeren anhoben, und erwähnt auch wolkenbruchartigen Regen. Das he-

4 R. Laird Harris, «Man-God's Eternal Creation» (Chicago: Moody Press, 1971), S. 87.

5 Gestützt auf das spekulative Modell von Meir Ben Uri. Vgl. «Time», 23. Febr. 1968, S. 76, 79; und «Christianity Today», 29. März 1968, S. 666-67.

bräische Wort für Flut (das nur in Genesis und in Ps. 29,10 vorkommt) bedeutet eigentlich «Sturm». Ist es nicht möglich, daß der Sturm ein Regensturm in Mesopotamien und anderen tiefer liegenden Gegenden war, verbunden mit einem Schneesturm in den Gebirgen, in Sibirien und in den anderen nördlichen Gebieten? Wenn dies tatsächlich der Fall war, waren die Gipfel der Berge durch den Sturm verborgen und wurden gleichzeitig mit Schnee bedeckt. Bei diesem tiefen Schnee, der den größten Teil eines ganzen Jahres liegenblieb, starb natürlich «alles Fleisch, in welchem ein Hauch des Lebens ist» (Gen. 6,17), entweder aufgrund der Kälte, oder an Nahrungsmangel. Diese Kombination von Flut, Regen und Schneesturm würde jedoch weder das Gleichgewicht der Natur durcheinanderbringen, noch die Fische oder das pflanzliche Leben vernichten. Eine solche Flut würde die Mammuts von Sibirien sowie den Tod aller lebenden Menschen außerhalb der Arche erklären und trotzdem die Erhaltung der Knochen und der Artefakte des vorsintflutlichen Menschen ermöglichen.[6]

Im Blick auf diese Aussage wollen wir nur zwei Fragen stellen. Wie kann erstens «ein Regensturm in Mesopotamien und anderen tiefer liegenden Gegenden, verbunden mit einem Schneesturm in den Gebirgen, in Sibirien und in den anderen nördlichen Gebieten» den «Tod aller lebenden Menschen außerhalb der Arche erklären»? Zweitens, wenn die Geographie der Erde vor der Flut im wesentlichen dieselbe war wie heute (eine Annahme, die alle Verfechter einer lokalen Flut teilen), hätte Gott dann Noah nicht warnen und auffordern können, nach Afrika oder nach Indien zu ziehen, um diesem «Regensturm» und «Schneesturm» zu entkommen und dadurch die notwendige Konstruktion einer Arche mit einer Deckfläche von 9000 m^2, die einhundert Jahre dauerte, zu vermeiden?

Dr. Harris leistete in seinen verschiedenen Schriften Wertvolles für die christliche Apologetik. Wenn er aber erklärt, daß «die Gipfel der Berge durch den Sturm verborgen und mit Schnee bedeckt wurden», dann nähert er sich der gefährlichen Auffassung, daß Noah fälschlicherweise *dachte,* die höchsten Berge wären von der Flut bedeckt! Aber Gen. 7,19.20 ist der inspirierte Bericht von

6 Harris, «Man-God's Eternal Creation», S. 85. Drei Jahre früher konnte Dr. Harris noch schreiben: «Der Autor zum Beispiel glaubt in der Tat an eine Flut weltweiten Ausmaßes» («The Mist, the Canopy, and the Rivers of Eden», S. 179).

Gottes Erklärungen und nicht von Noahs Meinungen.[7] Diese Stelle weist deutlich darauf hin, daß dasselbe Wasser, das die Arche hob, auch die Berge bedeckte, und daß die Arche so lange auf dem Wasser schwamm, bis sie «auf dem Gebirge Ararat» (8,4) hängenblieb. Ein Schneesturm im Gebirge wäre dazu nicht fähig gewesen! Weiter ergibt sich aus Gen. 7,22.23 eindeutig, daß der Zweck der Arche die Rettung von acht Menschen und der Tiere vor dem Tod durch *Ertrinken* (und nicht durch Verhungern oder Erfrieren) war.

Dr. Filby widmet vierzehn Seiten seines Buches einer Untersuchung der Arche Noah und bringt neben bloßer Spekulation auch viel wertvolles Material.[8] Es gelingt ihm jedoch überhaupt nicht, zu beweisen, daß man ein solches Schiff für eine begrenzte Flut wirklich *benötigte.* Filby spielt für einen Augenblick tatsächlich mit der Möglichkeit einer *weltweiten* Katastrophe: «Vielleicht haben wir hier einen undeutlichen Hinweis darauf, daß die Umwälzung, die die Flut verursachte, so ungeheuer war, daß sie für eine kurze Zeit sogar die Stabilität der Jahreszeiten veränderte oder bedrohte.»[9] An einer anderen Stelle schreibt er: «Es ist zwar allgemein anerkannt, daß sich die Pole einmal langsam weiterbewegt haben, doch *ist kein Geologe bereit, eine umfassende und plötzliche Veränderung der Polarachse im Pleistozän zuzugeben.* Aber die seltsamen Berichte von den Mammuts und den Knochenla-

7 T.C. Mitchell (Artikel Flood, in «The New Bible Dictionary»; The Inter-Varsity Fellowship, 1962, S. 427) schränkt die gesamten universalen Ausdrücke in dem Flutbericht durch die Annahme ein, daß der Erzähler «durch die Wolke und den Dunst, die die Katastrophe begleitet haben müssen», so verwirrt gewesen sei, daß er *dachte,* alle hohen Berge unter dem ganzen Himmel seien vom Wasser bedeckt gewesen. Eine dem biblischen Tatbestand nähere Auffassung von der Flut hat Francis A. Schaeffer, «Genesis in Raum und Zeit» (R. Brockhaus-Verlag, Wuppertal, 1976), S. 98-108.

8 Filby, «The Flood Reconsidered», S. 86-101. Filby räumt zwar ein, daß die Arche bis zu *15 000 Tonnen Ladung* hätte aufnehmen können, stellt dann aber die bloße Behauptung auf, daß nur *100 Tonnen Tiere* an Bord sein mußten, wobei der restliche Frachtraum für Lebensmittel und Wasser zur Verfügung gestanden hätte! Selbst wenn wir diese übertrieben niedrig angesetzte Zahl akzeptierten, ist es durchaus fraglich, ob es wirklich «völlig vernünftig» war, «als Noah acht Menschen um sich sammelte, für die er sorgte» (S. 86), und dann noch 100 Tonnen Tiere für ein ganzes Jahr in die Arche mitnahm, *wenn Gott nicht direkt intervenierte.*

9 Filby, S. 120-21.

gern, die seltsame Gestalt von Seen und Meeren (wie zum Beispiel das Kaspische Meer, der Aral- und der Van-See), die eigentümlichen Seen hoch in den Anden, die riesigen zerstörten Wälder und die begrabenen Tierreste der arktischen Inseln *und zahlreiche andere Phänomene dieser Art, die man auf der ganzen Erde findet, rufen nur Stillschweigen hervor.*»[10] Die unerschütterliche Loyalität gegenüber den gegenwärtig anerkannten Vorstellungen der aktualistischen Geologie[11] führt dazu, daß Dr. Filby sich mit einer «fast überzeugten» Haltung zufriedengibt und das enttäuschende Bekenntnis ablegt: «Zum gegenwärtigen Zeitpunkt ist es besser, den einzigen vernünftigen Standpunkt einzunehmen und zuzugeben, daß *wir es einfach nicht wissen.* Wir lassen die Frage offen.»[12] Wenn sich Dr. Filby auf die Theorie einer lokalen Flut zurückzieht, bleibt eben die wichtige und drängende Frage offen, die sich nicht totschweigen läßt — *warum mußte die Arche überhaupt gebaut werden?*

Eines der erstaunlichsten Beispiele für die logische und theologische Unvereinbarkeit unserer Zeit ist sicher die Ablehnung der «Theorie einer universalen Flut von Morris und Whitcomb» durch einen schriftgebundenen Theologen, der in öffentlichen Diskussionen die Unfehlbarkeit der Schrift verteidigt und das Ge-

10 Filby, S. 121. Hervorhebung vom Autor. Welcher Meinung man auch immer in bezug auf eine Veränderung der Polarachse sein mag, finden wir auf jeden Fall zahlreiche Ereignisse in der Heiligen Schrift (sowohl übernatürlicher als auch katastrophischer Art), die wenige Geologen «zugeben» wollen, da sie von den uniformitarianistischen Voraussetzungen zu sehr beeinflußt sind.

11 Filby, S. 2-3. David C.C. Watson, ein Landsmann, bemerkt scharf: «Filby scheint die übliche geologische Pyramide als sakrosankt zu akzeptieren, weil sie von professionellen Geologen aufgestellt wurde. Wenn er sich jedoch zur Archäologie und Geologie des Nahen Ostens äußert, ist er bereit, als Laie an seiner eigenen Meinung festzuhalten, der eine ganze Menge von Fachleuten widerspricht ... Er scheint nicht zu merken, daß die *ganze* heutige Wissenschaft und Forschung in bezug auf die Flut von Blindheit geschlagen ist und daher *alle* Phänomene falsch interpretiert, sei dies in der Geologie, Archäologie oder Anthropologie ... Dr. Filbys Buch zeigt, daß in der Frage der Flut eine Mittelstellung völlig unhaltbar ist — wir müssen *entweder* Gen. 7-9 für bare Münze nehmen *oder* den Kritikern recht geben, daß die Flut eine bloße Legende ist.» («Creation Research Society Quarterly», Juni 1971, S. 54,80).

12 Filby, S. 121. Hervorhebung vom Autor. Es ist alles andere als der «einzig vernünftige Standpunkt», wenn man die Frage offen und unbeantwortet läßt, wo die Bibel so eindeutige Aussagen macht. Agnostizismus ist angesichts des «So spricht der Herr» nicht vorzuziehen. Vgl. Matth. 21,27.

birge Ararat über einer Höhe von 3600 m erforschte, um Überreste von Noahs Arche zu entdecken![13] Dr. John Warwick Montgomery ist überzeugt, daß die Weltevangelisation sehr viel einfacher wäre, wenn wir die Arche entdecken könnten. «Der missionarische Wert der Entdeckung wäre verblüffend, selbst wenn sie nur dazu dienen würde, eine Grundlage für die allgemeine Präsentation der biblischen Botschaft zu bieten. Ausgehend von der Türkei ... würden sich aus der Nachricht von der Entdeckung Möglichkeiten für eine aktive Diskussion in allen Teilen der Welt ergeben.»[14]

Man kann über diese Art von «Evangelium» jedoch nur staunen, das auf Überreste von Noahs Arche auf dem Berg Ararat hinweist, *und dann das biblische Zeugnis von der weltweiten Flut ablehnt, die die Arche dorthin brachte!* Dr. Montgomery ruft aus: «Wir hätten die großen Anstrengungen auf dem Ararat nicht ausgehalten, wenn der Wind des Unglaubens gegenüber der Autorität des Wortes Gottes uns nicht gezwungen hätte, alles in unserer Macht Stehende zu tun, die vollkommene Vertrauenswürdigkeit der Heiligen Schrift zu bestätigen.»[15] Ist die Bibel aber in ihrem Bericht, wie wir ihn heute haben, nicht *vollkommen vertrauenswürdig,* der eindeutig die Arche Noahs *und* eine weltweite Flut bezeugt? Hat unser Herr nicht gesagt: «Wenn sie Mose und die Propheten nicht hören, so werden sie auch nicht überzeugt werden, wenn jemand aus den Toten aufersteht» (Lk. 16,31)? Würden Menschen, die heute die Autorität des Wortes Gottes ablehnen, diese wirklich anerkennen, wenn man Reste der Arche entdeckte?

Dr. Montgomerys Eifer in seiner Suche nach archäologischen Tatsachen, die mit der Bibel übereinstimmen, ist in der Tat lobenswert. Ein christlicher Archäologe ist jedoch höchst inkonsequent, wenn er einige biblische Fakten «bestätigen» will (z.B. die Arche), andere jedoch ablehnt (z.B. die weltweite Flut)! Das Pro-

13 John Warwick Montgomery, «The Quest For Noah's Ark» (Minneapolis: Bethany Fellowship, Inc., 1972) S. 31, 263. Siehe auch seine Artikel in «Christianity Today»: 'Ark Fever', 2. Juli 1971, S. 946-47; 'A Question of Credentials', 27. August 1971, S. 1043; 'Arkeology 1971', 7. Januar 1972, S. 342-43; und 'How Not to Find the Ark', 22. Dezember 1972, S. 326.

14 Montgomery, «The Quest for Noah's Ark», S. 274.

15 Montgomery, «Arkeology 1971», S. 343.

blem Montgomerys (das viele Theologen und gläubige Wissenschaftler mit ihm teilen) läßt sich auf eine frühe Einflußnahme uniformitarianistischer Lehren im Blick auf die Erdgeschichte zurückführen. Er berichtet von einem Lehrer am Cornell University Space Center, «für den ich eine besonders große Zuneigung verspüre, da er bei meiner Bekehrung zum Christentum eine wichtige Rolle spielte, als ich ein widerspenstiger Philosophiestudent in Cornell war».[16] Es ist völlig verständlich, wenn man für die Anschauungsweisen eines Lehrers große Zuneigung verspürt. Wir haben uns jedoch zu fragen, ob ein Christ nicht alle Meinungen von Menschen den absoluten Maßstäben des Wortes Gottes unterwerfen sollte. Müßte ein Christ nicht eher eine «besonders große Zuneigung» für die klaren Aussagen von Mose, Petrus und Jesus Christus selbst verspüren, die alle von einem universalen Ausmaß der Flut sprechen?

Es war vielleicht diese große Zuneigung, die Dr. Montgomery veranlaßte, sich über *Die Sintflut* lustig zu machen, anstatt die Argumente des Buches sorgfältig zu lesen:

«Die Welt wurde 4004 v. Chr. mit eingebauter radioaktiver Vordatierung geschaffen, mit Fossilien etc., die auf eine vorangehende Entwicklung von Millionen von Jahren hinweisen.» Diese Behauptung, die durch Whitcomb und Morris in ihrem umstrittenen, antievolutionistischen Buch *Die Sintflut* populär gemacht wird, ist ein absurder und alberner Vorschlag. Warum? Weil er jede Nachprüfbarkeit ausschließt. ... Außerdem läßt sich diese Aussage mit einer unendlichen Anzahl ähnlicher Behauptungen vereinbaren, wie: «Die Welt wurde vor zehn Jahren (oder vor zehn Minuten) mit eingebauter Geschichte geschaffen.»[17]

Eine solche Aussage ist für einen Bibel-Gelehrten ein grober Mißgriff. Selbst wenn man *Die Sintflut* nur flüchtig liest, zeigt sich, daß keine derartige Haltung dort eingenommen wird. Die Autoren stimmen Dr. Montgomery von ganzem Herzen zu, daß jede Aussage im Blick auf die Schöpfung, die vorgibt, die Erde

16 John W. Montgomery, «How Scientific Is Science?» Christianity Today, 29. September 1972, S. 52. Beachte den Kommentar von Roger Schmurr in seinem Brief an den Herausgeber, 10. November 1972, S. 48.

17 John W. Montgomery, «Inspiration and Inerrancy: A New Departure», Bulletin of the Evangelical Theological Society, Bd. 8, Nr. 2 (Frühjahr 1965), S. 59.

könnte vor zehn Jahren erschaffen worden sein, in der Tat bedeutungslos wäre, da die *Heilige Schrift einer solchen Auffassung eindeutig widerspricht;* sie verlangt eine Erde, die *mindestens* sechstausend Jahre alt ist.[18] Und die Bibel kann jede Prüfung im Rahmen objektiver Verifizierbarkeit bestehen und hat dies bis jetzt auch getan! Außerdem sind die Autoren aufgrund von Hinweisen auf Lücken in den Genealogien von Gen. 5 und 11 (die im letzten Kapitel von *Die Sintflut* ausführlich begründet werden) davon überzeugt, daß die Erde Tausende (aber nicht Zehntausende) von Jahren *vor* 4004 v. Chr. geschaffen wurde. Noch wichtiger ist die Tatsache, daß in dem Buch immer wieder betont wird, daß die Fossilien in der Erdkruste nicht *in situ* geschaffen wurden, sondern die Auswirkungen von Katastrophen sind, vor allem das Resultat der Millionen komplexer Strömungen, die während der einjährigen Flutkatastrophe, die in Gen. 6-9 beschrieben wird, über die Erde wirbelten.

Der Grund, weshalb die Auffassung, die in *Die Sintflut* vertreten wird, nicht «analytisch sinnlos»[19] ist, um Dr. Montgomerys Ausdruck zu benutzen, ist der Umstand, daß sie in der unfehlbaren Heiligen Schrift nachgeprüft werden kann, die eindeutig die geographische Universalität der Flut lehrt. Diese Auffassung kann auch auf hydrodynamischem und paläontologischem Gebiet nachgeprüft werden, wenn man die unglaublich weit ausgedehnten fossilhaltigen Schichten zu Rate zieht, die man auf jedem Kontinent findet, und die anstelle einer uniformitarianistischen eine katastrophische Erklärung erfordern.[20] Für eine Erschaffung der Erde, die noch verhältnismäßig kurze Zeit zurückliegt, lassen sich zahlreiche weitere wissenschaftliche Beweise anführen.[21] Die Autoren berufen sich *nicht* auf eine «eingebaute radioaktive Vorda-

18 Zu der Diskussion um den oberflächlichen Eindruck von Geschichte im Blick auf die biblische Schöpfungslehre vergleiche man J.C. Whitcomb, «The Early Earth» (Grand Rapids: Baker Book House, 1972), S. 29-38.

19 Montgomery, «Inspiration», S. 63.

20 Siehe unten S. 68-69

21 Eine eindrucksvolle Sammlung solcher Beweise sind in den beiden Bänden zu finden, die Dr. Walter E. Lammerts herausgab: «Why Not Creation?» und «Scientific Studies in Special Creation» (Nutley, N.J.: Presbyterian und Reformed Pub. C., 1970 und 1971). Siehe auch Melvin A. Cook, «Prehistory and Earth Models» (London: Max Parish and Co., Ltd., 1966), S. 340-41.

tierung», um die Bibel mit der Wissenschaft in Übereinstimmung zu bringen, was man unter dem Stichwort «Radiokarbonmethode» im Sachwortverzeichnis leicht ersehen kann.

Zusammenfassend können wir sagen, daß die Notwendigkeit einer Arche zur Rettung luftatmender Lebewesen vor der Flut für jede Kompromißhaltung im Blick auf das Ausmaß der Flut verheerende Folgen hat. Selbst wenn nur ein kleiner Teil der Erde von der Flut verschont worden wäre, hätte es der Arche überhaupt nicht bedurft. Und wenn man behauptet, daß man in einer Höhe von über 3600 m auf dem Ararat wahrscheinlich Überreste der Arche finden könnte, gleichzeitig jedoch die Meinung vertritt, sie wäre von einer örtlichen Überschwemmung dort abgesetzt worden, dann behauptet man das Unmögliche. Die einzige annehmbare Lösung ist die, daß man den biblischen Bericht für bare Münze nimmt, der deutlich zu erkennen gibt, daß die Flut die ganze Erde bedeckte.

Die totale Vernichtung einer weitverbreiteten Menschheit

Seit dem Beginn der «Flut-Diskussion», die vor über 140 Jahren einsetzte, war man sich in konservativen Kreisen einig, daß die Flut die gesamte Menschheit vernichtete.[22] Für diese allgemeine Übereinstimmung lassen sich drei grundlegende Aspekte anführen.

1. Die Flut muß die gesamte Menschheit außerhalb der Arche vernichtet haben, weil die Bibel den Zweck der Flut selbst angibt: sie sollte eine sündige und degenerierte Menschheit auslöschen. Diese Absicht wäre nicht erreicht worden, wenn nur ein Teil der Menschheit umgekommen wäre (vgl. Gen. 6,5-7. 11-13).

2. Wir finden in der Bibel wiederholt Aussagen, die darauf hinweisen, daß Noah und seine Familie die *einzigen* waren, die dem Gericht entgingen (Gen. 6,8-9.17-18; 7,1; 1. Petr. 3,20; 2. Petr. 2,5).

22 Vgl. Whitcomb und Morris, «Die Sintflut», S. 70-88, wo Bernard Ramms Auffassung einer anthropologisch lokalen Flut ausführlich analysiert wird.

3. Jesus Christus sagte, daß in der Flut *alle* Menschen außer Noahs Familie umkamen, wie das Feuer *alle* Einwohner Sodoms außer Lots Familie vernichtete (Lk. 17,26-30; vgl. Matth. 24,39).

4. Der noachitische Bund von Gen. 9 bezieht sich ganz offensichtlich auf die gesamte Menschheit, die Bibel weist jedoch wiederholt darauf hin, daß Gott diesen Bund zwischen sich und Noah und seinen Söhnen stiftet. Demnach stammt die Menschheit als Ganze von Noahs Familie ab, und die Flut vernichtete alle damals lebenden Menschen.

Es gibt Leute, die die gewaltige Bedeutung des biblischen Zeugnisses im Blick auf die völlige Vernichtung der Menschheit außerhalb der Arche anerkennen, und trotzdem die geographische Universalität der Flut ablehnen. Sie behaupten, daß die Menschheit sich in der Zeit von Adam bis Noah nicht über Mesopotamien hinaus ausgebreitet habe. Wir sind jedoch aufgrund von wenigstens vier Gründen davon überzeugt, daß sich diese Auffassung nicht erfolgreich verteidigen läßt.

Erstens bedingt die bemerkenswerte Langlebigkeit und Fruchtbarkeit der Menschen vor der Flut einen schnellen Bevölkerungszuwachs in den *wenigstens* 1656 Jahren, die zwischen Adam und Noah verstrichen.[23] Zweitens weist das Überhandnehmen von Streit und Gewalt unter den Menschen vor der Flut auf eine weite Verbreitung der Völker hin und macht eine Beschränkung auf eine einzige Gegend unwahrscheinlich. Die Geschichte der indianischen Stämme Amerikas ist hier eine gute Illustration. Die Bibel weist innerhalb eines einzigen Kapitels zweimal auf diesen Tatbestand hin: «die Erde war voll Gewalttat» (Gen. 6,11.13). Hier wird nicht nur gesagt, daß es auf der Erde gewalttätig zuging, sondern daß die Erde *voll* war von Gewalt. Drittens macht es die Tatsache, daß man in weitverstreuten Gebieten der Erde fossile Reste von Menschen gefunden hat, die zum Teil durchaus der vorsintflutlichen Periode angehört haben können, noch schwerer, an jener Behauptung festzuhalten, daß der Mensch vor der Flut über das Tal Mesopotamiens nicht hinausgelangt sei.[24] Und viertens

23 Vgl. Henry M. Morris, «Biblical Cosmology and Modern Science» (Grand Rapids: Baker Book House, 1970), S. 77-79.

24 Eine sehr hilfreiche Diskussion über fossile Menschenreste bringt Arthur C. Custance, «Fossil Man in the Light of the Record in Genesis», in «Why Not

«hätte sich der Mensch nicht sehr weit ausbreiten müssen, um in größere Höhen zu gelangen — auch dann hätte Gott eine Flut mit einer hohen Wassertiefe schicken müssen, die natürlich auch ein weltweites Ausmaß besessen hätte».[25]

Der Ozean — das Instrument Gottes zur Bestrafung der Erde

Über 70 Prozent der Erdoberfläche sind von Wasser bedeckt. Dieses Charakteristikum zeichnet die Erde in dem ganzen uns bekannten Universum aus, in dem nahezu die gesamte Materie entweder aus glühenden Gasen oder aus gefrorenen, festen Körpern besteht. An einigen Stellen ist das Meer tiefer (im Westpazifik ist es teilweise tiefer als 10000 m) als der mächtigste Berg hoch. Das Weltmeer enthält 1,3 Milliarden Kubikkilometer Wasser. Dies reicht aus, «einen Wasserbehälter mit einem Durchmesser von 120 km und einer Höhe von 113000 km zu füllen, was ungefähr dem dritten Teil der Entfernung Erde — Mond entspricht». (Leonard Engel, «The Sea»; New York: Time Incorporated, 1961, S. 11).

Wenn die Erdoberfläche überall eben wäre, wäre sie von einer 3,7 km dicken Wasserschicht bedeckt. Wenn wir also in Gen. 7,11 lesen, daß die «Quellen der großen Tiefe» in der Anfangsphase des Flutjahres aufbrachen, so daß die Ozeanbecken sich hoben und innerhalb von sechs Wochen die höchsten Berge mit ihrem Wasser überschwemmten, dann ist das ein klarer Hinweis darauf, daß die Berge vor der Flut viel niedriger waren als die heutigen. Es läßt sich nicht ermitteln, wie hoch «die Wasser ... über den Bergen» (Ps. 104,6) standen, es waren jedoch mindestens 15 Ellen (6,7 m), die es der Arche, deren Tiefgang ungefähr 15 Ellen (die Hälfte der Gesamthöhe) betrug, ermöglichten, in den Monaten vor jeglicher Zerstörung geschützt zu sein, in denen sie auf dem uferlosen Ozean trieb (Gen. 7,20).

Creation?», hrsg. von Walter Lammerts (Nutley, N.J.: Presbyterian und Reformed Pub. Co., 1970), S. 194-229. Auch «The Origin of Man», Kapitel 5 in «Evolution: The Fossils Say No!» von Duane T. Gish (San Diego: Institute for Creation Research, 1972).

25 Charles A. Clough, «A Calm Appraisal of The Genesis Flood», (Unveröffentlichte Doktorarbeit, Dallas Theological Seminary, 1968), S. 53.

Der Ozean wird niemals mehr das Instrument Gottes für die Bestrafung der Erde sein. Der noachitische Bund von Gen. 9 ist dafür eine Garantie. Der Regenbogen dient als Erinnerung für stolze und sorglose Menschen, daß Gott — nicht der Mensch — der souveräne Herrscher der Welt ist. Die Tatsache, daß die Stimme Gottes einst «über großen Wassern donnerte», während er, Gott, «auf der Wasserflut» thronte, mahnt die Menschheit, «dem Herrn Herrlichkeit und Kraft» zu geben, «die Herrlichkeit seines Namens» zu rühmen, denn «der Herr thront als König ewig» (Ps. 29,1-3.10).

Das Zeugnis des Apostels Petrus

In 2. Petr. 3,3-7 finden wir eine der wichtigsten Schriftstellen für das Ausmaß der Flut:

> So wisset aufs erste, daß in den letzten Tagen kommen werden Spötter, des Spottes voll, die nach ihrem eignen Gelüste wandeln und sagen: Wo bleibt die Verheißung seines Kommens? denn nachdem die Väter entschlafen sind, bleibt es alles, wie es von Anfang der Schöpfung gewesen ist. Denn sie wollen nichts davon wissen, daß ein Himmel vorzeiten auch war, dazu eine Erde aus Wasser und im Wasser bestanden durch Gottes Wort; dennoch ward damals die Welt durch die Sintflut verderbt. So auch werden der Himmel, der jetzt ist, und die Erde durch dasselbe Wort aufbewahrt, daß sie zum Feuer behalten werden auf den Tag des Gerichts und der Verdammnis der gottlosen Menschen.

Petrus spricht hier von einer für ihn noch in der Zukunft liegenden Zeit, wo die Menschen die Wiederkunft Jesu nicht mehr als katastrophale, weltweite Intervention Gottes in den Lauf der Dinge ernstnehmen würden. Der Grund für diese skeptische Haltung ist kein anderer als ein blindes Festhalten an dem *Dogma eines totalen Uniformitarianismus.* Dieses Dogma stellt die Behauptung auf, daß die Naturgesetze und -abläufe noch nie gestört worden seien und deshalb eine völlige Vernichtung der menschlichen Zivilisation durch den direkten Eingriff Gottes Illusion wäre. Da in der ganzen Geschichte noch kein derartiger Eingriff stattgefunden habe, so sagt man, gäbe es auch keinen Grund zur Sorge, daß dies irgendwann in der Zukunft einmal möglich sein könnte!

Petrus weist in seiner Antwort auf diese Behauptung der Skeptiker der Endzeit auf zwei vergangene Ereignisse hin, die man auf der Grundlage des Uniformitarianismus nicht erklären kann. Das erste dieser beiden Ereignisse ist die Schöpfung: «... daß von alters her Himmel waren und eine Erde ... durch das Wort Gottes»; das zweite Ereignis ist die Flut: «durch welche die damalige Welt (Kosmos), vom Wasser überschwemmt, unterging (apoleto)».

Petrus gebraucht das zweite dieser beiden Ereignisse — die Flut — als Bild für die Wiederkunft Jesu und die endgültige Zerstörung der Welt. Denn so wie «die damalige Welt» durch *Wasser unterging, so werden «die jetzigen Himmel und die jetzige Erde für das Feuer* aufgehoben zum Tag des Gerichts und des Verderbens der gottlosen Menschen».

Wir wollen nun die Folgen anschauen, die sich aus dieser Schriftstelle für das geographische Ausmaß der Flut ergeben. Wenn Petrus von den Ereignissen des zweiten und dritten Schöpfungstages redet, gebraucht er die Ausdrücke «... daß *von alters her* Himmel waren und eine Erde» offensichtlich in einem umfassenden, universalen Sinn. Ferner kann niemand bestreiten, daß Petrus auch die Ausdrücke «die *jetzigen* Himmel und die *jetzige* Erde» in diesem streng universalen Sinn gebraucht. Sonst würde Petrus nämlich von der Erschaffung und endgültigen Zerstörung nur eines Teiles der Erde sprechen!

Petrus sieht die Flut als das Ereignis an, das nicht nur die Erde veränderte, sondern auch die *Himmel.* Die Flut ist für ihn die Demarkationslinie zwischen den «Himmeln von alters» und den «jetzigen Himmeln». Die Flut verwertete die riesigen Wassermassen, aus denen und durch die die Erde bestand, für die völlige Vernichtung des «damaligen» *Kosmos.* Die Flut dient als letzte und unbestrittene Antwort des Apostels Petrus auf die Haltung derer, die es vorziehen, in bewußter Unkenntnis der Tatsache zu leben, daß Gott *schon einmal* in der Vergangenheit seinen heiligen Zorn und seine Allmacht unter Beweis gestellt hatte, indem er «alles» einer überwältigenden kosmischen Katastrophe unterzog. Diese Katastrophe ist dem Tag des Gerichts völlig ebenbürtig, an dem Gott die Erde mit Feuer verzehren und veranlassen wird, daß sich sogar die Elemente im Feuer auflösen (2. Petr. 3,10).

Wenn die Flut auf das Gebiet Mesopotamiens beschränkt war, oder auch noch einen etwas größeren Umfang hatte,[26] ist es doch fraglich, welchen Wert die Berufung des Apostels Petrus auf die Flut als Widerspruch zu dem Dogma des totalen Uniformitarianismus überhaupt hat. Man kann den Apostel auch nur schwer vor dem Vorwurf grober Übertreibung und Ungenauigkeit bewahren, wenn er die Flut mit solchen kosmischen Ausdrücken und in einem solchen absolut universalen Zusammenhang beschreibt, wenn sie doch nur eine örtliche Überschwemmung war.

Im Lichte dieser Tatsachen ist es wirklich seltsam, wenn Derek Kidner, ein bekannter Vertreter der Theorie einer lokalen Flut, schreibt:

> Wir sollten den Flutbericht sorgfältig und aufrichtig so lesen, wie er dasteht. Die Ausdrücke, die wir vorfinden, beschreiben ein *totales* Gericht über die gottlose Welt, die uns in der Genesis bereits beschrieben wurde — kein Ereignis umstrittener Dimensionen in einer Welt, die wir vielleicht rekonstruieren wollen. Die gesamte lebende Szenerie wird ausgelöscht, und das Neue Testament macht uns in diesem Zusammenhang auf das größere Gericht aufmerksam, das nicht nur unsere Erde, sondern das ganze Universum erwartet (2. Petr. 3,5-7).[27]

Wenn uns das Neue Testament «in diesem Zusammenhang» auf das «größte Gericht» aufmerksam macht, «das nicht nur unsere Erde, sondern das ganze Universum erwartet», dann ist wirklich zu fragen, wie wir diese Lektion aus einer Flut lernen sollen, die nur einen lokalen Umfang besaß.

So finden wir im dritten Kapitel des zweiten Petrusbriefes neutestamentliches Beweismaterial für die geographische Universali-

26 Dr. Filby räumt ein, daß die Flut «vom Atlantik, dem Mittelmeer und dem Indischen Ozean aus über einen großen Teil von Europa und Asien bis nach Alaska hinein, ja, sogar noch weiter» gereicht haben muß («The Flood Reconsidered», S. 31-32)! Er zitiert sogar (S. 35) eine Aussage von Patrick O'Connell in «Science of Today and the Problems of Genesis» (St. Paul, Minn.: Radio Replies Press Society, 1959), daß die Flut auch Indien, China und Nordamerika östlich der Rocky Mountains bedeckt haben mußte, und stimmt dieser Auffassung offensichtlich zu. Wenn man nun dem biblischen Zeugnis von einer weltweiten Flut so nahe kommt, warum geht man dann nicht auch noch den letzten Schritt?

27 Derek Kidner, «Genesis: An Introduction and Commentary» (Chicago: Inter-Varsity Press, 1967), S. 95.

tät der Flut. Alles andere als eine universale Katastrophe würde dem Argument des Apostels seine Kraft nehmen und jene bestärken, die gerade die Auffassung vertreten, die der Apostel so ernst verurteilt.

Das Problem der universalen Ausdrücke

Vertreter einer begrenzten Flut weisen oft darauf hin, daß Ausdrücke wie «alle» und «jeder» nicht unbedingt streng universal verstanden werden müßten. Wenn wir zum Beispiel in Gen. 41,57 lesen, daß «*alle* Welt» nach Ägypten kam, um Getreide zu kaufen, dann müssen wir diesen Ausdruck nicht so verstehen, als ob auch Vertreter Südamerikas und Australiens unter denen gewesen sein müßten, die nach Ägypten kamen. Wenn es also in Gen. 7,19 heißt, daß «*alle* hohen Berge, die unter dem *ganzen* Himmel sind», von den Wassern bedeckt wurden, daß «*alles* starb, in dessen Nase ein Odem des Lebenshauches war, von *allem,* was auf dem Trockenen war» (V. 22), dann, so sagt man, könnten wir diese universalen Ausdrücke ohne weiteres in einem begrenzten Sinn verstehen. Von der Bibel her wäre dann der Standpunkt einer geographisch lokalen Flut gerechtfertigt.

Trotz der augenscheinlichen Logik dieser Argumentationsweise machen verschiedene Erwägungen eine solche Erklärung unhaltbar. Zuerst ist die Tatsache festzuhalten, daß die große Mehrheit der Stellen in der Bibel, wo wir diese Ausdrücke finden, den universalen Gebrauch verlangen. Jesus sagte zum Beispiel zu seinen Jüngern: «Mir ist *alle* Gewalt gegeben im Himmel und auf Erden. Gehet nun hin und macht *alle* Nationen zu Jüngern ... und lehrt sie, *alles* zu bewahren, was ich euch geboten habe» (Matth. 28,18-20). Die Bibel ist voll von Aussagen, die ihrer Bedeutung verlustig gehen, wenn man jene Ausdrücke in einem eingeschränkten Sinn versteht.

Dies führt uns zu einer zweiten Beobachtung. Der einzig mögliche Weg, die Bedeutung der universalen Ausdrücke festzustellen, ist, den unmittelbaren und allgemeinen *Kontext* zu untersuchen, in dem sie gebraucht werden. Aus diesem Grund wollen wir nun den Zusammenhang betrachten, in dem der Flutbericht von Gen. 6-9 steht. Das erste Buch Mose läßt sich in zwei Hauptteile gliedern: (1) Kap. 1-11 behandeln *universale* Ursprünge (das materielle Universum, Pflanzen, Tiere, Menschen, Sünde, Erlösung, die Völker der Erde); (2) Kap. 12-50 konzentrieren sich auf den *besonderen* Ursprung des hebräischen Volkes und seiner Stämme; andere Völker werden nur erwähnt, insofern sie mit Israel in Berührung kommen. Wenn man sich dieser Tatsache bewußt ist, wird die Antwort auf die Frage nach der Größe der Flut klarer — der biblische Sintflutbericht beansprucht *dreieinhalb Kapitel* von diesen elf Kapiteln, die das Thema universaler Ursprünge behandeln, während der Schöpfung nur *zwei* Kapitel gewidmet sind!

Von einem rein literarischen und historischen Standpunkt aus können wir daher von dem Flutbericht in Gen. 6-9 mit gutem Recht erwarten, daß er von einer *Katastrophe weltweiten Ausmaßes* berichtet. Und wenn wir bereit sind, mit einer Haltung an die Heilige Schrift heranzugehen, die von Perspektiven bestimmt ist, die uns die Bibel selbst in die Hand gibt — und frei von aktualistischen Voraussetzungen —, dann werden wir nicht überrascht sein, wenn wir feststellen, daß die Anzahl der hebräischen Superlative in der Beschreibung der Größe der Flut genau dem Raum entspricht, der ihr in den ersten elf Kapiteln der Genesis eingeräumt wird.

Unsere dritte Feststellung bezieht sich auf die Tatsache, daß die universalen Ausdrücke in Gen. 6-9 deshalb nicht als begrenzt aufgefaßt werden können, weil die in diesen Kapiteln beschriebenen *physikalischen Phänomene* völlig unbegreifbar wären, wenn sich die Flut auf Mesopotamien oder den Nahen Osten beschränkt hätte. Es ist zwar durchaus möglich, daß eine siebenjährige Hungersnot den ganzen Nahen Osten verheert, ohne irgendeinen Einfluß auf Südamerika zu haben (vgl. Gen. 41,57); es ist jedoch *nicht* möglich, daß die hohen Berge des Nahen Ostens auch nur *eine Woche* überschwemmt sind, ohne daß dies auch verheerende Folgen für Südamerika hätte!

Wir stimmen also dem Grundsatz zu, daß die Wörter «alle» und «jeder» in ihrem *Kontext* gesehen und verstanden werden müssen. Dieses *hermeneutische Prinzip* widerlegt allerdings in keiner Weise die geographische Universalität der Flut, sondern *bestätigt* diese. Es ist in der Tat richtig, wenn man sagt, die Flut sei insoweit universal gewesen, als sich das Gebiet auf die Beobachtung und die Information des Erzählers erstreckte.[28] In Gen. 6-9 läßt nämlich nichts darauf schließen, daß hier Noah seine persönlichen Eindrücke von der Flut wiedergibt. Das ganze Ereignis wird vielmehr vom Standpunkt Gottes aus geschildert. Noah kommt bis zum Ende des neunten Kapitels überhaupt nicht zu Wort, wo ihm dann *Gott* die bemerkenswerte Prophezeiung im Blick auf seine drei Söhne in den Mund legt. Man könnte sonst genausogut behaupten, der Schöpfungsbericht von Gen. 1 beziehe sich nur auf einen Teil der Erde, weil die Erfahrung Adams begrenzt gewesen sei. Dr. Filby stellt die Frage: «Was haben wir unter der 'Erde' zu verstehen, die Noah kannte?»[29] Diese Frage ist durch die Gegenfrage zu beantworten, was unter der «Erde» zu verstehen ist, die Adam und Eva kannten, als Gott ihnen gebot: «Seid fruchtbar und mehret euch und füllet die *Erde* und machet sie euch untertan; und herrschet ... über alles Getier, das sich auf der *Erde* regt» (Gen. 1,28). Die wahre Bedeutung der Aussagen und Befehle Gottes kann durch die Unwissenheit derer, die ihn als erste reden hörten, sicher nicht eingeschränkt werden!

Nehmen wir einmal an, daß die Berge vor der Flut genauso hoch waren, wie sie es heute sind (eine Annahme, die für die Theorie einer lokalen Flut charakteristisch ist). Was sollen wir dann aber zu der Vorstellung sagen, daß sich Noahs Erfahrungsbereich und Information über Geographie auf das mesopotamische Tal beschränkte? Selbst wenn er nur durchschnittlich begabt war, hätte er in den *sechshundert Jahren,* die er vor der Flut lebte, leicht Erkundigungen über die Geographie und die Topographie von Asien — seinem eigenen Kontinent — einziehen können, wo sich die höchsten Berge der Erde befinden. Nehmen wir weiter an, daß Noah es war, der uns den ganzen Flutbericht übermittelte (ohne die Hilfe übernatürlicher Offenbarung im Blick auf die wirkliche Größe der Flut). Hier stellt sich die Frage, ob Noah tatsächlich so wenig über die Topographie Südwestasiens gewußt haben konnte, daß er der Ansicht war, die Flut habe *alle hohen Berge*

28 Ramm, «The Christian View», S. 240.
29 Filby, «The Flood Reconsidered», S. 81.

unter dem ganzen Himmel (Gen. 7,19) überschwemmt, wenn dies in Wirklichkeit nur auf ein paar wenige Vorberge zutraf.

Dr. Filby und andere lehnen es ab, den Ausdruck «unter dem ganzen Himmel» (Gen. 7,19) in einem vollständig universalen Sinn zu verstehen, weil er an anderen Stellen nicht in dieser Bedeutung vorkommt. Er wird zum Beispiel in 5. Mose 2,25 («die Völker unter dem ganzen Himmel») in eingeschränktem Sinn gebraucht, weil Mose ihn auf die Völker einschränkt, «*welche das Gerücht von dir hören*». In einer Parallelstelle schränkt Mose diesen Ausdruck noch weiter ein, daß er schließlich «*das ganze Land, auf welches ihr treten werdet*» (5. Mose 11,25) bedeutet.[30]

Aber gerade diesen Punkt haben wir betont. Wenn der Kontext die Bedeutung von universalen Ausdrücken einschränkt, dann sind sie *nicht* in ihrer absoluten universalen Bedeutung zu verstehen. Wenn der Kontext die Bedeutung solcher Ausdrücke nicht einschränkt, dann sind sie *fast sicher* in ihrer absoluten Bedeutung zu nehmen. Wenn der Kontext einen weltweiten Horizont *verlangt,* was wir im Fall von Gen. 6-9 bewiesen haben, dann ist die Ablehnung dieses Tatbestandes ganz einfach ein Hinweis auf Unglauben in diesem Punkt.

Nach einer Diskussion über die Vieldeutigkeit solcher Begriffe wie «Erde» ('eretz') und «Boden» ('adamah') kommt Gleason Archer jr., zu folgendem Schluß:

> Mit dem Ausdruck in Gen. 7,19 «unter dem ganzen Himmel» wird man jedoch nicht so schnell fertig. Es ist fraglich, ob es im hebräischen

30 Filby, S. 83, 98 (Anm. 5). Derek Kidner weist auf andere angebliche Beispiele für diese «alte Bedeutung» universaler Ausdrücke in Kol. 1,23 und Apg. 2,5 hin («Genesis», S. 94). Evangelikale Autoren vertraten schon gefährliche Standpunkte, wenn sie annahmen, daß die universalen Ausdrücke in Gen. 1-11 und solche Aussagen wie «was oben im Himmel, und was unten auf der Erde, und was *in den Wassern unter der Erde* ist» (Ex. 20,4) voraussetzen, daß die biblischen Erzähler dieselbe veraltete Weltanschauung wie ihre heidnischen Zeitgenossen hatten (vgl. Klaas Runia, «Karl Barth's Doctrine of Holy Scripture», Grand Rapids: Wm.B. Eerdmans Pub. Co., 1962, S. 83-90). F.W. Grosheide und G.C. Aalders (deren Anschauungen Runia ablehnt, S. 82) widersetzen sich mit Recht diesem Trend. Im Blick auf Ex. 20,4 ist es erstaunlich, daß Runia die Tatsache nicht beachtet, daß Mose von *ozeanischem Wasser unterhalb der Küste* spricht (Deut. 4,18: «eines Fisches, der im Wasser unter der Erde ist»). Siehe oben, S. 33, Anm. 30.

AT irgendwo eine Stelle gibt, wo dieser Ausdruck «der ganze Himmel» (für sich selbst betrachtet, gelöst vom deutlich feststellbaren Kontext) eine geographische Region bezeichnet. Aus diesem Grund war es den meisten gründlichen Experten wie Franz Delitzsch im letzten Jahrhundert und H. C. Leupold in neuerer Zeit nicht möglich, die exegetische Möglichkeit einzuräumen, Gen. 7 als Beschreibung einer lediglich lokalen Flut aufzufassen. ... Die Annahme einer 5000 m hohen Flutwelle in Armenien bei gleichzeitiger Nichtüberflutung der Auvergne in Frankreich setzt ein viel unglaublicheres Wunder voraus, als das traditionelle Verständnis einer weltweiten Flut dies tut.[31]

Der größte Vorwurf, der jener Theorie einer «begrenzten Beobachtung und Information» zu machen ist, ist die Tatsache, daß sie die historischen Aussagen der Bibel zu fehlbaren menschlichen Ansichten reduziert. Die Weltanschauung der biblischen Erzähler, so sagt man, muß im Zusammenhang ihrer «kulturellen Umgebung» verstanden werden. Im Grunde genommen ist dieser Ausdruck nur eine Umschreibung der Ansicht, daß ihre Aussagen nicht immer zuverlässig sind. Dr. J. Barton Payne schreibt im Blick auf diese und andere spitzfindigen Methoden zur Unterminierung der klaren Aussagen der Heiligen Schrift:

In neueren, konservativ ausgerichteten Veröffentlichungen scheint im Blick auf die Prinzipien des *usus loquendi,* der *norma normans* und der fortschreitenden Offenbarung ein Wandel stattgefunden zu haben. Sie dienen nicht mehr als Röntgenstrahlen zur Klarlegung der Bedeutung der Heiligen Schrift, sondern als Mantel, um diesen zu verdecken. Im Blick auf die Reichweite der Flut kam Bernard Ramm zum Beispiel zu dem Schluß, daß diese, wenn man sie «phänomenologisch» und unter Beachtung der kulturellen Gewohnheiten des Erzählers interpretiert, nur den Teil der Erdoberfläche bedeckte, der innerhalb der Beobachtungsmöglichkeiten des Berichterstatters lag. Ramms eigene Zusammenfassung zeigt jedoch, daß das Prinzip des *usus loquendi* keine echte Grundlage für diese Interpretation bietet. Er schreibt: «Die Flut war lokal, auch wenn sie mit universalen Ausdrücken beschrieben wird; somit war auch die Vernichtung der Menschheit lokal, obwohl sie mit universalen Ausdrücken beschrieben wird.» Der Bericht vermittelt uns also mit anderen Worten den Eindruck einer weltweiten Katastrophe, eine rationale Ableitung macht jedoch die Mög-

31 Gleason L. Archer jr., «A Survey of Old Testament Introduction» (Chicago: Moody Press, 1964), S. 194-196.

lichkeit einer universalen Flut zunichte. Es wird daher den hermeneutischen Regeln anheimgestellt, über die nicht akzeptierbaren Worte ihre Bemerkungen zu machen.[32]

Man beachte, daß der neo-orthodoxe Theologe Ralph H. Elliott sich auf Ramms Argumente beruft und für seine Auffassung anführt, daß die Flut mit universalen Begriffen beschrieben sei, weil ihre religiöse Bedeutung universal sei.[33] So werden die ersten elf Kapitel der Genesis in gewohnter neo-orthodoxer Weise vollständig aus dem Bereich der Geschichte entfernt und in den Bereich der «Heilsgeschichte» oder des «religiösen Mythos» verwiesen.

Schlußfolgerung

Auf dem Hintergrund einer wirklich bemerkenswerten Kette von Hinweisen spricht die Bibel von der geographischen Universalität der Flut. Die Tiefe und die Dauer der Flut, die Notwendigkeit einer gigantischen Arche zur Rettung irdischer Lebewesen, der klar zum Ausdruck gebrachte Zweck der Flut — die Vernichtung einer weitverbreiteten Menschheit — sowie das Zeugnis des Apostels Petrus bilden die exegetische Grundlage für diese Lehre der Heiligen Schrift. Die universalen Ausdrücke, die für die Beschreibung dieser Katastrophe verwandt werden, erfordern eine weltweite Flut.

32 J. Barton Payne, «Hermeneutics as a Cloak for the Denial of Scripture», Bulletin of the Evangelical Theological Society, Bd. 3, Nr. 4 (Frühjahr 1960), S. 94.

33 Ralph H. Elliott, «The Message of Genesis» (Nashville: Broadman Press, 1961), S. 67. In ähnlicher Weise verschwindet bei Bernhard W. Anderson die Historizität der Genesis: «Man braucht sich um die Tatsache keine Sorgen zu machen, daß die Archäologen und Geologen keine Hinweise auf eine Flut gefunden haben, die 'alle hohen Berge unter dem ganzen Himmel' bedeckte. Der Erzähler setzt sich mit Hilfe dieser Erzählform mit einer Sache auseinander, die für ihn historisch viel wichtiger ist, nämlich mit der Universalität der menschlichen Sünde. ... Vom Standpunkt des Erzählers aus entspricht die Universalität der Sünde der Universalität des Gerichtes Gottes. Die Flut muß daher total, vollständig sein.» «The Beginnings of History», hrsg. von William Barclay und F.F. Bruce (Nashville: Abingdon Press, 1963), S. 53-54, siehe unten S. 94 ff.

Viele evangelikale Gelehrte vertreten natürlich in ihrer Interpretation von Gen. 6-9 weiterhin uniformitarianistische Anschauungen im Blick auf die Erdgeschichte.[34] Es ist jedoch zu beachten, daß eine beträchtliche Anzahl von Wissenschaftlern entschlossen ist, das Wort Gottes als Richtschnur für dieses sehr wichtige Forschungsgebiet gelten zu lassen. Die *Creation Research Society,* die 1963 ins Leben gerufen wurde und die bereits mehrere hundert Mitglieder hat, die alle Magister- oder Doktorgrade in den Naturwissenschaften erworben haben, legt in ihrem Glaubensbekenntnis auf folgenden Absatz großen Wert: «Die große Flut, die in der Genesis beschrieben und gewöhnlich als 'Sintflut' bezeichnet wird, war ein historisches Ereignis weltweiten Ausmaßes mit weltweiten Auswirkungen.»[35]

Als treue Ausleger des Wortes Gottes haben wir nicht die Aufgabe, seine Aussagen zu manipulieren und dem System der gegenwärtigen wissenschaftlichen Theorien anzupassen. Es ist vielmehr unsere Aufgabe, genau festzustellen, was Gott für geeignet hielt, uns im Blick auf die Geschichte unseres Planeten und seiner Bewohner zu offenbaren. Wenn dies in zunehmendem Maße unser Ziel und unser Verlangen wird, werden wir am Ende weder als Wissenschaftler noch als Theologen enttäuscht werden.

34 Dies zeigte ich deutlich in den offiziellen Veröffentlichungen der «American Scientific Affiliation». Siehe unten, Seite 98 ff.

35 Einen kurzen Überblick über die Geschichte der Creation Research Society bringt Lammerts in «Why Not Creation?», S. 1-4. Ein weiterer Band mit ausgewählten Artikeln von den Zeitschriften der C.R.S., ebenso von Walter Lammerts herausgegeben, trägt den Titel «Scientific Studies in Special Creation» (Nutley, N.J.: Presbyterian and Reformed Pub.Co., 1971). Eine weitere Publikation der C.R.S. ist «Biology: A Search for Order in Complexity», hrsg. von John N. Moore und Harold S.Slusher (Grand Rapids: Zondervan Pub. House, 1970). Näheres über Mitgliedschaft, Beiträge und die Vierteljahreszeitschrift der C.R.S. kann über Wilbert Rusch, Sr., 2717 Cranbrook Road, Ann Arbor, Michigan 48 104, in Erfahrung gebracht werden.

Kapitel 3

Die heute sichtbaren Auswirkungen der Flut

Ohne den übernatürlichen Eingriff Gottes wäre eine universale Flut in den Tagen Noahs nicht möglich gewesen. Durch eine übernatürliche Entfaltung der Macht Gottes brachen die Brunnen der großen Tiefe auf, und die Fenster des Himmels öffneten sich. Durch ein weiteres Wunder senkten sich plötzlich die Ozeanbecken, während die Kontinente und Gebirgsketten sich hoben, um die Flut zum Aufhören zu bringen.

Die Flut und Naturprozesse

Man sollte beachten, daß nicht jeder einzelne Abschnitt der Flut durch ein Wunder hervorgerufen wurde. Gott erschuf zum Beispiel keine Arche für Noah. In Übereinstimmung mit der ganzen Struktur der Heiligen Schrift kann man sagen, daß Material, Naturprozesse und menschliche Fähigkeiten, die bereits vorhanden waren, von Gott gebraucht und gelenkt wurden, um seine besonderen Ziele zu erreichen. Da Noah in der Lage war, eine Arche zu bauen, wenn er nur genügend Zeit und geeignete Instruktionen erhalten würde, baute Gott nicht selbst eine Arche für ihn, auch wenn diese erschaffene Arche zweifellos eine vollkommenere Form besessen hätte und somit für ihre Insassen bequemer gewesen wäre.

In ähnlicher Weise sah Jesus Christus davon ab, die Macht Gottes in Anspruch zu nehmen, um den großen Stein vor dem Grab des Lazarus zu entfernen oder die Grabgewänder von seinem Körper abzunehmen. Die Leute, die dabeistanden, waren durchaus in der Lage, solche Aufgaben auszuführen. Jesus tat nur das, was sie nie hätten tun können — er befahl Lazarus, aus dem Grab herauszukommen. Dies finden wir immer wieder in der Bibel, so daß wir es fast als Prinzip festhalten können: Gott weigert sich, auf *übernatürliche* Weise das zu tun, was der Mensch oder natürliche Abläufe unter seiner *göttlichen Leitung* erreichen können. Gott ist mit Wundern *sparsam,* andernfalls würden sie zu etwas Alltäglichem und somit ihre Einzigartigkeit und Bedeutsamkeit verlieren.

Wenn wir nun dieses Prinzip auf die Flut anwenden, machen wir eine interessante und wichtige Entdeckung. Von den spezifischen Wundern abgesehen, die in der Bibel erwähnt sind und die zur Ingangsetzung und Beendigung dieser Gerichtsperiode notwendig waren, bewirkte die Flut ihr Vernichtungswerk *ausschließlich durch Naturprozesse,* die bis zu einem gewissen Grade in hydraulischen Laboratorien und bei örtlichen Überschwemmungen untersucht werden können. Mit anderen Worten: Als die gewaltigen Wassermassen, die von oben her freigesetzt und von den Ozeantiefen heraufgetrieben wurden, sich auf die Kontinente ergossen, *gehorchten sie den bekannten Gesetzen der Hydrodynamik.* Die Geschwindigkeit, die Bewegungsrichtung und die Erosionswirkungen der dahinjagenden Wassermassen hatten nichts Übernatürliches an sich. Wenn dies der Fall gewesen wäre, würde die Bibel darauf hinweisen. Wie das Wasser des Jordan, das sich bei Zarethan aufrichtete, an seinen Ort zurückkehrte und wie früher über alle seine Ufer floß (Jos. 4,18), als es durch ein Wunder wieder freigegeben wurde, so waren es auch zur Zeit Noahs die Schwerkraft und andere Naturkräfte, die auf die durch ein Wunder freigesetzten Wassermassen einwirkten, als sie sich während des Flutjahres auf der Erde hin- und herbewegten. Wenn die Bibel uns sagt, daß «alle hohen Berge *unter dem ganzen Himmel*» überflutet und alle Lebewesen «mit der Erde» (Gen. 6,13) vernichtet wurden, *dann müssen wir uns darauf einstellen, weltweite geologische Auswirkungen dieser Katastrophe zu finden.*

Die zerstörende Kraft des bewegten Wassers

Seit der Zeit Noahs hatte der Mensch schreckliche Angst vor Überschwemmungen. Für den Schrecken und das Gefühl der Hilflosigkeit, das der Mensch angesichts tobender Wassermassen bekommt, gibt es kaum etwas Vergleichbares. In Amerika wird man nie vergessen, was 1889 in Johnstown in Pennsylvanien geschah, als sich 20 Millionen Tonnen Wasser aus dem Conemaugh-See in die Stadt ergossen und 2200 Menschen ums Leben kamen.[4] Die Überschwemmungen des Ohio und des Mississippi von 1937 forderten 400 Menschenleben, machten 1000000 Menschen obdachlos und zerstörten Häuser und Einrichtungen im Wert von 500 Millionen Dollar. Im Mai 1970 raste eine Lawine von Wasser, Felsen und Schlamm mit einer Geschwindigkeit von 160 Stundenkilometern die südamerikanischen Anden hinunter und begrub in Peru die Städte Yungay und Ranrahirca mit ihren 14000 Einwohnern unter sich.[5] Sechs Monate später fand auf der anderen Seite der Welt eine ähnliche Katastrophe statt: «Eine grausige, fast 8 Meter hohe Welle brauste von der Bucht von Bengalen herein, von Winden getrieben, die Geschwindigkeiten bis zu 240 Stundenkilometern erreichten. Mitten in der Nacht wurde das übervölkerte Tiefland des Ganges-Brahmaputra-Deltas vernichtet. Die Todesziffern und die angerichtete Zerstörung gehörten zu dem Schlimmsten, was die Welt bisher gesehen hatte. Familien und ganze Dörfer wurden augenblicklich ausgelöscht. ... Die zuverlässigsten Schätzungen geben die Anzahl der Toten mit einer *halben Million* an, diese kann aber auch eine Million erreichen. In einem Gebiet von zirka 7700 Quadratkilometern wurden 3,5 Millionen Menschen obdachlos.»[6]

Wir wissen von Flußüberschwemmungen, die mehrere hundert Tonnen schwere Felsblöcke über große Entfernungen hinweg innerhalb weniger Stunden fortbewegten, tiefe Schluchten aushöhlten und ganze Wälder wegfegten. Eine einzige kurze Überschwemmung in den San-Gabriel-Bergen in der Nähe von Los Angeles trug in jedem Quadratkilometer des Stromgebietes bis zu 30000

4 Vgl. David G. McCullough, «The Johnstown Flood» (New York: Simon and Schuster, Inc., 1968).

5 Charles Lekberg, «The Killer Among Us», in «The 1971 World Book Year Book» (Chicago: Field Enterprises Educational Corp., 1971), S. 294. Vgl. auch Gordon Gaskills Beschreibung der Überschwemmung von Longarone in Italien des Jahres 1963, die innerhalb von sechs Minuten über 2000 Menschenleben forderte, «Reader's Digest», Mai 1965, S. 59-67.

6 Lekberg, «The Killer Among Us», S. 294.

Kubikmeter Schutt ab.[7] «In der französischen Stadt Cherbourg hatte man aus großen Felsblöcken einen Wellenbrecher gebaut, der von einer 6 Meter hohen Mauer gekrönt wurde. Vom Sturm gepeitschte Wellen wirbelten Steine, die bis zu 7000 Pfund wogen, über die Mauer und bewegten 65 Tonnen schwere Betonblöcke 18 Meter weit fort.»[8]

Wenn nun schon örtliche Überschwemmungen auf unserer Erde eine derart zerstörende Wirkung haben können, welchen Schaden richtete dann erst eine so gigantische Flut an, *die die höchsten Berge überschwemmte und zweiundzwanzig Wochen lang die ganze Erde überflutete, ehe sie nachließ?* Jeder bewegliche Gegenstand wurde wohl fortgefegt, und die Erdkruste hatte sich total verändert. Wenn man die Autorität und die Historizität des biblischen Berichtes anerkennt und von der ungeheueren Gewalt von bewegten Wassermassen weiß, kann man jene «Tranquil-Theorie» unmöglich ernstnehmen! Unsere Haltung im Blick auf die Erdgeschichte muß entweder von der Genesis mit ihrer übernatürlichen, globalen Katastrophenlehre oder von der uniformitarianistischen Geologie, für die ungestörte Abläufe wesentlich sind, bestimmt werden — in einem vernünftigen Universum können nicht beide Auffassungen zugleich vertreten werden.[9]

Es ist deshalb nicht erstaunlich, daß Sir Charles Lyell (1799-1873), den Darwin den «Kopf der Uniformitarianisten» nannte, ein leidenschaftlicher Gegner der Genesis war. Er hoffte, den «mosaischen Bericht» den Menschen austreiben zu können. Er behauptete, daß vor allem die mosaische Sintflut «eine bedrückende Last für die geologische Wissenschaft» sei.[10] Charles Lyell war Theist, und wie er sind viele Wissenschaftler, die sich Christen nennen, über die ersten Kapitel der Genesis unglücklich. Dies stimmt sehr traurig, weil gerade Jesus Christus die göttliche Autorität des ersten Buches der Bibel betont und wiederholt aus seinen

7 Vgl. Whitcomb und Morris, «The Genesis Flood», S. 263

8 Willard Bascom, «Ocean Waves», Scientific American, August 1959, S. 80-83.

9 Vgl. R. Hooykaas, «The Principle of Uniformity in Geology, Biology, and Theology», S. 1-66.

10 «Life, Letters, and Journals of Sir Charles Lyell», I, 253, 256, 328; zitiert von Robert T. Clark und James D. Bales in «Why Scientists Accept Evolution» (Nutley, N.J.: Presbyterian and Reformed Pub. Co., 1966), S. 19.

ersten Kapiteln zitiert hat (Matth. 19,4; Luk. 17,29.32). Er wies besonders auf die Flut als eine übernatürliche Strafe hin, die alle Menschen außerhalb der Arche vernichtete; dies diente ihm dann als Analogon für das Endgericht, das die Welt treffen wird (Matth. 24,39; Luk. 17,26-30). *Wie kann man behaupten, Christ zu sein, und gleichzeitig die Aussagen Jesu Christi in Frage stellen?*

Die zerstörende Kraft von Flußüberschwemmungen

«Die überraschend große Gewalt, die eine Überschwemmung kennzeichnet, indem sie Materialien auswäscht und transportiert, ist bis heute noch nicht richtig erkannt worden» (Cyril S. Fox, «Water», New York, Philosophical Library, 1953). Flüsse, die über ihre Ufer getreten sind, graben sich gewöhnlich sehr tief in ihr Bett ein und tragen ungeheure Sedimentmassen im Schwebezustand oder an den Rändern mit sich, die stromabwärts wieder abgelagert werden, wenn die Überschwemmung zurückgeht.

«Als der Colorado über seine Ufer trat, wirkten die Wassermassen bis zu einer Tiefe von 36 Metern von der Oberfläche ab auf den massiven Felsen ein, aus dem sein Flußbett bestand ... sie konnten mit großer Gewalt mit Sand gefüllte Durchstiche auswaschen, die 35 Meter lang oder noch länger waren. Ohne solche Beweise würden die Ingenieure es kaum für möglich halten, daß sich bei jedem Hochwasser nach erfolgten Sandbewegungen Schlamm ablagert, und zwar in Tiefen von 15 bis 30 Metern unterhalb des normalen Flußbettniveaus» (Ibid., S. 111).

Wenn wir schon bei heutigen örtlichen Überschwemmungen eine solche Aktivität beobachten können, wie ungeheuer groß müssen dann erst die Sedimentmassen gewesen sein, die abgetragen und transportiert wurden, als der Regen mindestens vierzig Tage lang unaufhörlich auf die Erde niederstürzte und die Quellen der großen Tiefe fünf Monate lang ohne Unterbrechung geöffnet waren! (Vgl. Whitcomb und Morris, *Die Sintflut,* S. 275-277).

Die stratigraphischen Auswirkungen der Flut

Jene, die die Nichtexistenz von geologischen Hinweisen auf eine weltweite Flut behaupten, sind offensichtlich über die Auswirkungen einer solchen Flut nicht informiert. Wenn wir davon überzeugt sind, daß eine weltweite Überschwemmung chaotische Anhäufungen hinterlassen müßte, die aus verschiedenen Materialien aller Größen und Formen bestehen und über die ganze Erde verstreut sind, dann ist es natürlich nicht von ungefähr, wenn wir keine Hinweise auf die Sintflut finden! Ingenieure, die sich mit der Hydraulik beschäftigen und sich dem Studium der Aktivität von Wasser hingegeben haben, sollten auf diesem Gebiet das letzte Wort haben, und nicht die Vertreter der historischen oder beschreibenden Geologie. Wie es in der wissenschaftlichen Welt heute jedoch oft geschieht, kennen sich die Spezialisten eines bestimmten Gebietes verhältnismäßig wenig aus, was die Prinzipien einer verwandten Disziplin anbelangt. Dr. J. Oliver Buswell jr. schreibt: «Eine der Gewohnheitssünden, die von Wissenschaftlern begangen werden, ist das Außerachtlassen verwandter Forschungsgebiete!»[11]

Henry M. Morris, der von der University of Minnesota im Jahre 1950 seinen Doktorgrad für Arbeiten auf dem Gebiet der Hydrologie und Hydraulik erhielt (seine Nebenfächer waren Geologie und Mathematik), stand drei Jahre lang im Dienst der Regierung als hydrologischer Ingenieur und arbeitete danach für 29 Jahre an verschiedenen Universitäten in Forschung und Lehre. Von 1957 bis 1970 war er Professor für Wasserbau und Dekan der Fakultät für Ingenieurbau am Virginia Polytechnic Institute und an der staatlichen Universität. Dr. Morris wurde durch sein Lehrbuch *Applied Hydraulics in Engineering* (2. Auflage, Mitautor James M. Wiggert; New York: Ronald Press Co., 1972) und durch seine zahlreichen Artikel dieses Fachgebietes international bekannt. Der Autor möchte an dieser Stelle die Gelegenheit wahrnehmen und Dr. Morris danken, daß er uns in so großzügiger

11 J. Oliver Buswell jr., Brief an den Herausgeber, «JASA», Dezember 1963, S. 122.

Weise an seiner reichen Erfahrung auf dem Gebiet der Hydraulik im Blick auf ihre Bedeutung für den biblischen Flutbericht hat teilnehmen lassen.

Dr. Morris wies darauf hin, daß eine wie die uns in der Genesis geschilderte Überschwemmung mit ihrem ungeheuer großen Komplex von Strömungen, die mit Sedimenten beladen sind, nach dem Gesetz der hydrodynamischen Selektivität horizontale, übereinandergelagerte Schichten von Materialien erzeugt haben mußte, die gemäß ihrer jeweiligen Schwerkraft und Kugelgestalt von den bewegten Wassermassen ausgesondert wurden.[12] Wenn sich eine Strömung verlangsamte und ihre Ladung ablagerte, kam vielleicht aus einer anderen Richtung eine weitere Strömung, die anders geartete Materialien mit sich trug und diese auf die erste Schicht ablagerte, ohne sie zu beschädigen. Indem sich so verschiedene Strömungen in den Überschwemmungsmonaten über die Erde bewegten, bildete sich ein umfangreicher Komplex sedimentärer Schichten in verschiedenen Teilen der Erde, die teilweise Tiefen von mehreren tausend Metern erreichten.[13]

Der Grand Canyon in Arizona ist ein großartiger Hinweis auf die Auswirkungen einer weltweiten, ein ganzes Jahr lang anhaltenden Überschwemmung. Dieses gigantische Gebilde ist an einigen Stellen 1500 Meter tief, 7,6 Kilometer breit und erstreckt sich von Ost nach West über eine Entfernung von über 160 Kilome-

12 Whitcomb und Morris, «Die Sintflut», S. 288,289. Vgl. auch Henry M. Morris, «Sedimentation and the Fossil Record: A Study in Hydraulic Engineering», in «Why Not Creation?» (Walter Lammerts, Hrsg.) S. 125-27, 133-35.

13 Whitcomb und Morris, «Die Sintflut», 178, 179. Zusätzlich zu diesen Strömungen muß es eine ungeheure Vielfalt an großen «Flutwellen» (Tsunamis) während des Flutjahres gegeben haben. Joseph Bernstein wies darauf hin, daß diese Wellen in den Tiefseegewässern des Pazifik eine Geschwindigkeit von 800 Kilometern pro Stunde erreichen. Im Gegensatz zum allgemein üblichen Verständnis sind Tsunamis «so flach im Verhältnis zu ihrer Länge, daß man sie auf offenem Meer kaum bemerkt. Ihre Amplitude beträgt vom Wellental zum Wellenkamm manchmal nur 60 cm. Sie türmen sich gewöhnlich nur in seichten Gewässern oder in Küstengebieten zu ihrer furchtbaren Größe auf» («Tsunamis», Scientific American, August 1954, S. 61). Solche «Flutwellen» waren somit für Noahs Arche kaum eine Gefahr. Aus diesem Grund muß die vielgelesene Erklärung der Flut von Jack Durkee, die «Flutwellen mit Geschwindigkeiten von Tausenden von Stundenkilometern» beschreibt, als Karikatur bezeichnet werden. («Who Says?» hrsg. von Fritz Ridenour; Glendale, Calif.: Gospel Light Publications, 1967, S. 147).

tern. Soweit das Auge sehen kann, findet man dicke, horizontale Ablagerungen verschiedener Sedimentarten, die vom Boden des Canyons bis zu seiner Spitze gleich gelagert übereinander ruhen.

Nach den uniformitarianistischen Prinzipien soll es zahlreiche Veränderungen in den äußeren Bedingungen gegeben haben, die mit großen regionalen Senkungen und Hebungen verbunden waren. Jede Schicht verkörpert Flußablagerungen in einem Zeitraum von vielen Millionen Jahren in einem riesigen Senkungstrog oder einem seichten Meer, das sich während der Ansammlung der Ablagerungen allmählich senkte. Ein solcher Vorgang ist jedoch kaum möglich. Die Schichten konnten über derart große Gebiete und Zeiträume hinweg einfach nicht so einheitlich und horizontal bleiben, während sie diesen wiederholten und gigantischen Bewegungen unterworfen waren. «Diejenigen, die an eine Schöpfung glauben, haben eine bessere Erklärung. Sie sind davon überzeugt, daß er (der Grand Canyon) in sehr kurzer Zeit entstand, als das Wasser durch noch nicht konsolidiertes Material schnitt, das nach der Sintflut abgelagert worden war. Diese Erklärung ist besser, da sie den *Prinzipien der Hydrodynamik* entspricht. Diese Prinzipien besagen, daß Wasser nicht gleichzeitig Mäander bilden und das Flußbett vertiefen kann. Das Flußbett des Colorado ist tief *und* weist Mäander auf.»[14]

Dr. Clifford Burdick, ein Geologe, der die Formationen des Grand Canyon einige Jahre lang untersucht hat, weist auf einige unlösbare Probleme hin, denen die übliche uniformitarianistische Interpretation dieser Gesteine gegenübersteht:

> Unter dem Mississippi fehlt größtenteils das Devon, und Silur oder Ordovicium treten an keiner Stelle in Erscheinung; das heißt, daß die Redwall-Formation, die zum unteren Mississippi gehört, in Wirklichkeit auf dem kambrischen Muavkalk ruht — dies bedeutet, daß über 50000000 Jahre fehlen. Wenn wir uns diese ungeheure Zeitspanne vor Augen halten, würden wir bestimmt erwarten, Anzeichen einer weitreichenden Erosion, vielleicht auch Aufwölbungen und Faltungen mit

14 Moore und Slusher, Hrsg., «Biology: A Search for Order in Complexity» (Grand Rapids: Zondervan Pub. House, 1970), S. 412. Vgl. auch Morris und Wiggert, «Applied Hydraulics in Engineering», 2. Auflage (New York: Ronald Press Co., 1972), S. 523; und Whitcomb und Morris, «Die Sintflut», S. 183-185, wo Erklärungen dieser Formationen zu finden sind.

Winkeldiskordanzen zu finden. Wie sieht nun aber die Wirklichkeit aus? Wir finden scheinbar vollkommen gleichgelagerte Schichten, die in ziemlich schneller Folge abgelagert wurden. Dies ist gewiß ein Grund zum Staunen![15]

Diese flach aufeinanderliegenden Sedimentgesteine, die im Grand Canyon und vielen anderen Canyons zu sehen sind, bedecken eine Fläche von 65 Millionen Quadratkilometern — den größten Teil von Utah und Arizona sowie große Teile von Colorado und New Mexico. Dr. Burdick und andere, die solche Formationen untersucht haben, sind davon überzeugt, daß die einzig hinreichende Erklärung dafür in einem riesigen Komplex schneller Strömungen weltweiten Ausmaßes zu finden ist.

Der Grand Canyon

Mächtige, freiliegende Flächen von flach übereinandergeschichteten Sedimentgesteinen, wie die Formationen des Grand Canyon, sind ein deutlich sichtbarer Beweis für die Ablagerungen während der Sintflut. In diesem Gebiet finden wir horizontale Schichten, die viele tausend Quadratkilometer groß sind und eine Dicke von Tausenden von Metern aufweisen — sie sollen über einen Zeitraum von ungefähr einer halben Milliarde Jahren hinweg abgelagert worden sein! Die Schichten bestehen aus Kalk-, Schiefer- und Sandgesteinen. Nach den uniformitarianistischen Grundsätzen soll es zahlreiche Veränderungen in den äußeren Bedingungen gegeben haben, die mit großen regionalen Senkungen verbunden waren, was uns jedoch als völlig unmöglich erscheint. Die Schichten konnten über derart große Gebiete und Zeiträume hinweg einfach nicht so einheitlich und horizontal verbleiben, während sie diesen vielfachen epirogenetischen Bewegungen unterworfen waren. Die bei weitem vernünftigste Erklärung ist eine relativ schnelle Ablagerung der sedimentären Flutwasser. Als die Gesteine nach

15 Clifford L. Burdick, «Streamlining Stratigraphy», in «Scientific Studies in Special Creation», hrsg. von Walter Lammerts (Nutley, N.J.: Presbyterian and Reformed Pub. Co., 1971), S. 127-28. Im selben Band vgl. auch Harold W. Clark, «The Mystery of the Red Beds», S. 156-64.

der Flut noch verhältnismäßig weich und unverfestigt waren, wurden die großen Canyons sehr schnell ausgehöhlt, als die Wassermassen von den gerade hochgehobenen Rumpfebenen in die gerade vergrößerten Meeresbecken hinabströmten (vgl. Whitcomb und Morris, *Die Sintflut,* S. 183-185).

Die vor kurzem gemachte Entdeckung von Pflanzensporen, die zumindest eng mit den Kiefern der präkambrischen Schichten des Grand Canyons verwandt sind, machen es äußerst problematisch, sich eine evolutionäre Entwicklung dieser Pflanzen vorzustellen. Das unbestrittene Vorkommen von Pollen blühender Pflanzen ist auf der Grundlage der üblichen evolutionistischen Grundsätze noch schwieriger zu erklären.
(Clifford L. Burdick, «Microflora of the Grand Canyon», Creation Research Society Quarterly, Mai 1966, S. 50). Vgl. auch Clifford L. Burdick, «Progress Report on Grand Canyon Palynology», Creation Research Society Quarterly, Juni 1972, S. 25-30.)

Die Bildung von Fossilschichten

Nicht nur die sedimentären Ablagerungen, sondern auch die Fossilien von Millionen von Pflanzen und Tieren, die man in denselben findet, setzen die Dynamik einer gigantischen Flut voraus. Für den evolutionistischen Uniformitarianismus sind die Fossilien in der Tat ein ernst zu nehmendes Problem, weil wir heute eine Fossilbildung größeren Ausmaßes tatsächlich *nicht* beobachten können. Wenn die Fische im Meer sterben, sinken sie nicht auf den Meeresgrund, um zu Fossilien zu werden. Sie zersetzen sich oder werden von Aasfressern in Stücke gerissen. Ein bekannter Geologe wies auf folgende Tatsache hin: «Die Kadaver der Büffel, die vor zwei Generationen millionenfach in den Ebenen herumlagen, haben kaum eine Spur hinterlassen, die heute noch zu sehen wäre. Das Fleisch wurde innerhalb von Stunden oder Tagen nach dem Tod des Tieres von Wölfen oder Geiern verschlungen, und heute sind selbst die Skelette zum größten Teil verschwunden, da sich die Knochen aufgelöst haben und unter dem Einfluß des Wetters in Staub zerfallen sind.»[16] Das Alte Testament enthält Hinweise, daß Palästina einige Jahrhunderte lang von Löwen heimgesucht wurde (Hiob 38,39; Spr. 22,13; 2. Kö. 17,25); bis heute hat man dort jedoch noch keinen fossilierten Löwen gefunden.[17]

Im Gegensatz zu dieser heute nicht beobachtbaren Fossilbildung halte man sich das unglaubliche Ausmaß der Fossilbildung vor Augen, die in der Vergangenheit stattfand. «Man schätzt, daß bereits über 100000 verschiedene Fossilarten gefunden wurden. Einige Gesteine setzen sich fast vollständig aus den Überresten mariner Lebewesen zusammen.»[18] Die Tatsache, daß Milliarden Fossilien von Krustentieren, Fischen, Landtieren und Pflanzen oft fast vollständig in riesigen sedimentären Ablagerungen erhalten sind, spricht für sich selbst. Diese Lebewesen können nicht durch heute beobachtbare Prozesse begraben worden sein.

Die vier oder fünf Millionen Mammuts und andere Großtiere, die in den Gebieten um den Nordpol umkamen, sind eine deutliche Erläuterung der Tatsache, daß unser Planet von einer umfassenden Katastrophe heimgesucht wurde. Viele dieser Tiere wurden augenblicklich eingefroren und sind vollständig und unbeschädigt erhalten — in einigen Fällen fand man sie aufrecht stehend oder kniend!

Ivan T. Sanderson, ein bekannter Zoologe, der diese Phänomene einige Jahre lang untersucht hat, wollte die Massenvernichtung der arktischen Mammuts zunächst ohne Einbeziehung des Katastrophen-Aspekts erklären.[19] Als er jedoch das Mammut von Beresovka untersuchte, das russische Wissenschaftler aus Sibirien ins Leningrader Museum transportiert hatten, mußte er seine Haltung «fast vollständig revidieren».

> Das Mammut stand erstens aufrecht, hatte jedoch eine gebrochene Hüfte. Zweitens war sein Inneres unversehrt und vollständig, sein langes, zottiges Fell war nirgends abgescheuert oder abgerissen. Drittens war es frisch; auch wenn seine Teile zu verwesen begannen, als die

16 Carl O. Dunbar, «Historical Geology» (New York: Wiley & Sons, 1949), S. 39.
17 Persönliche Mitteilung von Dr. Nelson Glueck, 20. April 1959.
18 International Christian Crusade, «Evolution: Science Falsely Socalled», 18. Aufl. (205 Yonge St., Rm. 31, Toronto 1; 1970), S. 17.
19 Ivan T. Sanderson, «The Riddle of the Mammoths», Saturday Evening Post (7. Dez. 1946), S. 127, 142, 144, 147.

Wärme des Feuers sie angriff, so waren sie doch noch genauso, wie sie zu Lebzeiten des Tieres gewesen sein mußten; sein Mageninhalt war noch nicht in den Zersetzungsprozeß eingetreten. Schließlich fand man noch Butterblumen auf seiner Zunge.[20]

Tiere, die die Größe von Mammuts haben, brauchen täglich mehrere hundert Pfund Nahrung, um überleben zu können; und in dem Gebiet, wo heute kaum noch etwas wächst, lebten damals viele Millionen dieser Tiere. Damit Tiere dieser Größe so gefrieren, daß sich in ihren Körperzellen keine großen Kristalle bilden, sind Temperaturen von minus 100° C nötig, die das Tier in einem einzigen Augenblick gefrieren lassen. In den Anfangsstadien, als der vorsintflutliche Wassermantel zusammenbrach (Gen. 7,11), können solche Bedingungen in verschiedenen Gegenden höherer Breiten sehr wohl geherrscht haben.[21] Eines ist jedenfalls sicher — die gesamten uniformitarianistischen Interpretationen haben elendig versagt. «Lyell wußte von den Mammuts und war sich bewußt, daß sie seine Theorie gefährdeten. Er versuchte, sie wegzuerklären — er schlug vor, daß sie in einer kurzen Kälteperiode 'überrascht' wurden, während sie gerade schwammen. Diese Erklärung stimmt jedoch mit den Fakten nicht überein. Auch Darwin wußte Bescheid — er bekannte, daß er keine Lösung habe.»[22]

In Lincoln County im Staat Wyoming fand man fast vollständig erhaltene Fische, Schildkröten, Insekten und Säugetiere zusammen mit großen Palmblättern, die 2 bis 2,5 Meter lang und 1 bis 1,2 Meter breit waren.[23] Ein noch bedeutsamerer Umstand ist die Tatsache, daß Billionen Tonnen Vegetation, die zum größten Teil vollständig erhalten ist, oft sogar Blätter und Blumen — in allen Teilen der Welt in Form von Kohle begraben wurden, die Antarktis eingeschlossen.[24] Jeder Meter Kohle verkörpert mehrere Meter komprimierter Pflanzenreste, und einige Kohleschichten sind 9 bis 12 Meter dick! Es ist offensichtlich, daß gegenwärtig kein derartiger Prozeß der Kohlebildung stattfindet, und die soge-

20 Ivan T. Sanderson, «Riddle of the Frozen Giants», Saturday Evening Post (16. Jan. 1960), S. 82.

21 Vgl. Whitcomb und Morris, «Die Sintflut», S. 303-318.

22 Norman Macbeth «Darwin Retried» (Boston: Gambit, Inc., 1971), S. 115.

23 «Fishing for Fossils», Compressed Air Magazine, Bd. 63 (März 1958), S. 24.

24 Vgl. «National Geographic Magazine», Febr. 1963, S. 288 (Foto), 296.

nannte «Torfmoortheorie» ist ein armseliger Versuch, mit diesem Problem fertig zu werden. Morris schreibt:

> Der «Dismal Swamp» von Virginia, der vielleicht am häufigsten angeführte Fall eines potentiellen Kohlenlagers, hat nur Torf von durchschnittlich ca. 2 m Tiefe gebildet, kaum genug, um ein einziges solides Kohlenflöz zu schaffen. Außerdem liegt kein Beweis dafür vor, daß heute irgendwo in der Welt Torf in Kohle umgewandelt wird. Man kennt keinen Ort, wo das Torflager in seinen tieferen Bereichen in ein typisches Kohlenlager übergeht. Alle bekannten Kohlenflöze scheinen daher in der Vergangenheit gebildet worden zu sein und werden in der Gegenwart nicht weiterhin gebildet, wie es nach dem Uniformitätsprinzip vernünftigerweise zu erwarten wäre.[25]

In dem Band *Why Not Creation?* findet sich eine sehr bemerkenswerte Fotografie eines großen Baumstumpfes, der zu Kohle geworden war, während er mehrere Sedimentschichten vertikal durchschnitt.[26] Damit ist das Schicksal der uniformitarianistischen Theorie der Kohlebildung besiegelt — kein Baum konnte mehrere tausend Jahre in aufrechter Stellung gestanden haben, während sich die Sedimente um ihn herum aufhäuften!

Eine weitere bemerkenswerte Entdeckung sind die vollständig erhaltenen Spuren vieler verschiedener Tierarten, die Dinosaurier eingeschlossen.[27] Zwischen diesen Dinosaurierspuren fand man die Fußabdrücke großgewachsener Menschen.[28] Sehr häufig entdeckte man auch gewöhnliche, flüchtige Eindrücke wie Wellenfurchen und Regentropfenabdrücke. Ohne außergewöhnliche Sedimentierungsprozesse wären diese Eindrücke nicht erhalten worden.[29]

25 Whitcomb und Morris, «Die Sintflut», S. 193. Vgl. auch Harold G. Coffin, «Research on the Classic Joggins Petrified Trees», in the Creation Research Society Quarterly (Juni 1969), S. 35-44; und «A Paleoecological Misinterpretation», CRSQ (Sept. 1968), S. 85-87. Der letztgenannte Artikel wurde in «Scientific Studies in Special Creation», hrsg. von Walter Lammerts (Nutley, N.J.: Presbyterian and Reformed Pub. Co., 1971), S. 165ff, veröffentlicht.

26 N. A. Rupke, «Prolegomena to a Study of Cataclysmal Sedimentation», in «Why Not Creation?», S. 153.

27 Vgl. Roland T. Bird, «We Captured a 'Live' Brontosaur», National Geographic Magazine, Mai 1954, S. 707-22.

28 Vgl. A. E. Wilder Smith, «Man's Origin, Man's Destiny» (Wheaton, Ill.: Harold Shaw Pub., 1968), S. 96-97, 293-98.

29 Vgl. Rupke, «Prolegomena», Fotografien, S. 165-71.

Mammuts

Man schätzt, daß 5000000 Mammuts, deren Überreste an der Küste Nordsibiriens und Alaskas begraben liegen, vor einer Zeit von nur wenigen tausend Jahren eingefroren und begraben wurden. «Die sibirischen Ablagerungen werden nun schon fast zwei Jahrhunderte lang untersucht. Der Vorrat scheint genauso unerschöpflich zu sein wie ein Kohlenrevier. Manche halten es für möglich, daß der Tag kommt, an dem die Ausbreitung der Zivilisation das völlige Verschwinden des Elefanten in Afrika zur Folge hat, und daß dann diese Ablagerungen die einzige Quelle für Elfenbein von Tieren sein wird» («Ivory», Encyclopedia Britannica, 1956, XII, 834).

«Es wird berichtet, daß eine einzige Grube zwanzigtausend Stoßzähne zu Tage förderte. Als Vitus Bering, der dänische Erforscher der Arktis, die Bäreninsel nördlich Sibiriens im arktischen Ozean besuchte, stellte er fest, daß sie aus zwei Bestandteilen zusammengesetzt war — aus Überresten von Mammuts und aus Sand. Die Mammutknochen waren jedoch vorherrschend. Im 18. und 19. Jahrhundert hörte man gelegentlich Berichte von Mammut-Funden. Die zaristische Regierung ließ einige dieser Berichte untersuchen und Mammuts ausgraben, die dann nach Petersburg gebracht wurden. Sie stellten einen sensationellen Hinweis auf eine Zeit dar, in der Sibirien ein weit mehr gemäßigteres oder subtropisches Klima gehabt hatte. Als Baron Toll die Bennet-Insel erforschte, die ungefähr 500 Kilometer nördlich des sibirischen Festlandes liegt, berichtete er von tiefgefrorenen Mammuts, die in einer Gegend gelebt hatten, wo das Weidegras im arktischen Sommer heute vielleicht fünf Zentimeter hoch wird. ... Trotzdem fand Baron Toll gerade hier Hinweise auf frühere Lebensbedingungen, die heute völlig undenkbar sind. Pallas behauptete im Blick auf Mammutreste in Rußland, daß es vom Don bis zur Beringstraße kein Flußbett in Rußland gäbe, das keine Knochen von Mammuts enthielte. Andere Autoren machten die seltsame Beobachtung, daß die Mammutreste zahlreicher werden, je weiter man nach Norden kommt» (Donald W. Patten, «The Ice Epoch», in «A Symposium on Creation», von Henry M. Morris und anderen; Grand Rapids: Baker Book House, 1968, S. 128).

Für vorurteilslose Forscher wird es immer offensichtlicher, daß nur eine Katastrophe, die die in Gen. 6-9 beschriebenen Ausmaße hatte, den plötzlichen Tod dieser zahllosen großen Tiere verursacht haben kann.

Katastrophische Phänomene in der Geologie

Wenn auch die sedimentären und fossilen Formationen die offenkundigsten Beweise dafür sind, daß einst riesige Wassermassen über diesen Planeten gefegt sind, weist die Erdkruste doch auch noch andere Merkmale auf, die der Erklärung von einem anderen Standpunkt aus trotzen. Walter S. Olson, der in keiner Weise die biblische Katastrophenlehre vertritt, macht in seiner Behandlung der Mechanismen bei der Bildung der untersten Schichten der geologischen Pyramide folgende Bemerkung:

> Die Erosionskraft und die Wärmewirkung solcher (globaler) Fluten können alle Phänomene im Zusammenhang der infrakambrischen Ablagerungen erklären. ... Die Fluten fegten gelegentlich über das Binnenland hinweg, angereichert mit Sediment- und Gesteinsfragmenten; sie schleiften die Landoberfläche ab und reduzierten die Kontinente zu Rumpfebenen. Die Gezeitenreibung trieb die Meerestemperaturen weit nach oben und veranlaßte, daß sich das Kohlendioxyd als Kalziumkarbonat niederschlug. ... Alte Gebirgssysteme wurden bis auf den Grund abgetragen ... und bereiteten so die Basis für das, was man historische Geologie nennt.[30]

Als sich die Kontinente aus den Flutwassern emporhoben, bildeten sich riesige fluviale Ebenen oder alluviale Hänge wie jene, die sich von den Rocky Mountains zum Mississippi oder von Kanada nach Mexiko erstrecken.[31]

Eingeschlossene Binnenseebecken wie Bonneville in Utah, Lahonton in Nevada und Tahoe in Kalifornien wurden damals mit

30 Walter S. Olson, «Origin of the Cambrian-Precambrian Unconformity», American Scientist, LIV, Nr. 4 (Dezember 1966), S. 461-62, 458.

31 N.M. Fenneman, «Physiography of Western United States» (New York: McGraw-Hill Pub. Co., 1931), S. 11, 14, 147, 274.

Wasser gefüllt.[32] Angehobene Flußterrassen, die vom Atlantik bis zum heutigen Mississippi reichen, zeigen, daß die Flüsse früher viel mehr Wasser führten, als ihre heutigen kümmerlichen Reste vermuten lassen.[33] Auch Phänomene wie die eingeschnittenen oder eingegrabenen Mäander (dort, wo eine starke laterale Ausweitung der Vertiefung der Flüsse parallel verlief) können nur dadurch erklärt werden, daß die horizontalen Flußbette kurz nach ihrer Ablagerung während der Flut noch weich und unverfestigt gewesen sein müssen, als der größte Teil der Mäander gebildet wurde.[34]

Die großen Gebirgsketten weisen nachdrücklich auf eine plötzliche und verhältnismäßig junge Horstbildung hin. Trotzdem kann zum Beispiel Dr. A.J. Eardley schreiben: «Die Ursache für die Verformung der äußeren Schichten der Erdkruste und die nachfolgende Gebirgsbildung entzieht sich noch immer jeder Erklärung.»[35] Morris zeigt, daß der Uniformitarianismus weder die Entstehung der Geosynklinalen, noch die zur Aufhäufung der Sedimentschichten notwendige fortgesetzte Senkung, noch die Ursprungsgebiete, in denen jene ungeheuren Sedimentmassen abgetragen worden sein mußten, noch die Hebung und Verformung dieser Geosynklinalen zur Bildung der heutigen Gebirgsketten erklären kann. Man kann damit auch nicht die Existenz großer Rumpfebenen, wasserloser Canyons oder ausgetrockneter Bäche, abschüssiger Täler, ausgetrockneter Wasserfälle und von Felsen eingefaßter Becken erklären.[36]

Die Tatsache, daß man auf der ganzen Welt ungeheure Massen von (vulkanischem) Eruptivgestein findet, ist ein weiteres Problem für den Uniformitarianismus. Oft ist es in zuvor abgelagerte Sedimentgesteine eingedrungen oder liegt direkt an der Oberfläche, weite Flächen früherer Ablagerungen bedeckend. Das Co-

32 Walter E. Lammerts, «On the Recent Origin of the Pacific Southwest Deserts», C.R.S. Quarterly, Juni 1971, S. 50-54.

33 Whitcomb und Morris, «Die Sintflut», S. 332. Vgl. auch die jüngste Beweisführung für den neueren Ursprung des Mississippideltas von Benjamin F. Allen, «The Geologic Age of the Mississippi River», Creation Research Society Quarterly, Sept. 1972, S. 96-114.

34 Whitcomb und Morris, «Die Sintflut», S. 183-185.

35 A. J. Eardley, «The Cause of Mountain Building — An Enigma», American Scientist, Juni 1957, S. 189.

36 Whitcomb und Morris, «Die Sintflut», S. 179-181.

lumbia Plateau im Nordwesten der Vereinigten Staaten ist ein riesiges Lavaplateau, das über tausend Meter hoch ist und zirka 500000 Quadratkilometer Fläche bedeckt. Der einzige Prozeß, den wir heute für diese Phänomene anführen können, ist der Vulkanismus. Dieser kann jedoch bei seinen gegenwärtigen Voraussetzungen unmöglich für diese großen Eruptivformationen verantwortlich sein. Heute sind ungefähr noch fünfhundert Vulkane tätig, die Anzahl der erloschenen Vulkane ist möglicherweise dreimal höher. Was wir in unserer Zeit beobachten können, läßt sich mit jenen Phänomenen überhaupt nicht vergleichen, die diese riesigen Gebilde entstehen ließen. Das Uniformitätsprinzip versagt bei dieser wichtigen geologischen Frage völlig. Nur eine Katastrophe (wie das Aufbrechen der Quellen der großen Tiefe während der Flut) kann den Tatbestand erklären.[37]

Unabhängig von der Flutkatastrophe und dem sie begleitenden Zusammenbruch des großen Wassermantels gilt es nun, einen Entwurf zur Erklärung der Kontinentalgletscher zu erstellen. W.D. Thornbury schreibt: «Über 10 Millionen Quadratkilometer Nordamerikas, 5 Millionen Quadratkilometer Europas und ein bis jetzt noch wenig bekanntes, aber möglicherweise vergleichbares Gebiet Sibiriens, waren vereist. Außerdem waren zahlreiche kleinere Gebiete von lokalen Gletschern bedeckt. In den Gebirgstälern existierten Tausende von Gletschern, während es heute dort keine oder nur noch kleine Gletscher gibt.»[38]

Dr. William L. Stockes, Universität von Utah, macht folgendes Eingeständnis: «Die Ursache der Vergletscherung ist noch immer nicht letztgültig geklärt ... Mindestens 29 'Erklärungen' wurden bis jetzt vorgetragen, um die ausgedehnte Vergletscherung zu begründen. Die meisten hatten schon von vornherein keine Aussicht auf Erfolg, andere waren bis zu einem gewissen Grad erfolgreich, bis sie dann durch später gesammelte Informationen unhaltbar wurden.»[39]

Das Ende der Eiszeit fand in viel jüngerer Zeit statt, als man

37 Whitcomb und Morris, «Die Sintflut», S. 158-159.

38 Wm. D. Thornbury, «Principles of Geomorphology» (New York: Wiley & Sons, 1954), S. 354.

39 Wm. L. Stokes, «Another Look at the Ice Age», Science, 28. Okt 1955, S. 815.

früher annahm, und es existieren nicht wenig Hinweise darauf, daß es nicht vier, sondern nur eine einzige große Eiszeit gab.[40] Wir sehen, daß die Zeit für eine völlig neue und unvoreingenommene Untersuchung der Möglichkeit einer vorsintflutlichen Wasserhülle um die Erde und der möglichen Auswirkungen nach ihrem plötzlichen Zusammenbruch gekommen ist.

Ein weiteres Beispiel für das Versagen der uniformitarianistischen Grundsätze bei der Erklärung der wichtigen Merkmale der Erdkruste ist die Theorie von «abnormen Verwerfungen», wie sie auf Heart Mountain in Wyoming und die Lewis-Überschiebung in Montana und Alberta angewandt werden. Die letztgenannte Formation, die auch das Gebiet des Glacier National Park einschließt, ist 560 Kilometer breit, und weist trotz der Tatsache, daß die angebliche Bruchfläche unter einem Winkel von nur 3 Grad abfällt, eine mindestens 56 oder 64 Kilometer große, abgeleitete horizontale Dislokation auf. Das schwarze Gestein der oberen Gebirgshälfte stammt aus dem Präkambrium, während das heller gefärbte Gestein der Kreideformation angehört, das wenigstens 500 Millionen Jahre jünger ist, wenn man für die Fossilien das uniformitarianistische Datierungssystem anwendet! Natürlich kann kein Uniformitarianist eine solche kolossale Ausnahme in seiner Zeitskala dulden — er würde ja schließlich zu der Annahme gezwungen, daß sich in diesem Teil der Erde die Dinosaurier zu krabbenähnlichen Trilobiten «weiterentwickelt» hätten! Aus diesem Grund glauben die Evolutionisten, daß das präkambrische Gestein 56 oder 64 Kilometer über die Kreideschiefer geschoben wurde!

Die eigentlich biblisch orientierten Forscher Frank H. Roberts[41] und J.R. van de Fliert[42] behaupten aber, daß Hinweise auf eine umfassende Schichtenfaltung und -verwerfung in diesen Gebieten beweisen würden, daß die uniformistische Betrachtungsweise im

40 Vgl. Wm. A. Springstead, «Monoglaciology and the Global Flood», Creation Research Society Quarterly, Dez., 1971, S. 175 ff.; und Whitcomb und Morris, «Die Sintflut», S. 312-319.

41 Frank H. Roberts, «Review of The Genesis Flood», in JASA, März 1964, S. 29.

42 J.R. van de Fliert, «Fundamentalism and the Fundamentals of Geology», JASA, September 1969, S. 75-77.

wesentlichen richtig sei. Man kann jedoch diese Störungen im Gestein, die meist nur sehr gering sind, überhaupt nicht mit einer «Lewis-Überschiebung» vergleichen, für die keine echten Beweise vorliegen. Außerdem, und dies ist noch wichtiger, ist es vollkommen unvorstellbar, daß in der Erdkruste eine Kraft hätte erzeugt werden können, die *800 Milliarden Tonnen Felsen* mit einer vertikalen und einer lateralen Komponente (gegen die Schwer- und Reibungskraft entlang der Rutschfläche) fortbewegen konnte. Dr. Henry Morris bewies, daß nach den bekannten Reibungskoeffizienten für gleitende Blöcke die Schubkraft so groß geworden wäre, daß das Material selbst unter einer solchen Druckbeanspruchung zerfallen wäre und somit nicht als zusammenhängender Block hätte transportiert werden können.[43] M. K. Hubbert und W. W. Rubey geben zu, daß dies eine «mechanische Unmöglichkeit» ist.[44]

Wir müssen aus obigem Tatbestand schließen, daß in diesem Gebiet «präkambrisches» Gestein nach dem «Kreidegestein» abgelagert wurde. Somit ist die weithin akzeptierte uniformitarianistische Zeitskala für die Erdgeschichte größtenteils bedeutungslos. Vom Standpunkt der biblischen Katastrophenlehre aus sind solche Formationen einfach ein Hinweis auf die Tatsache, daß die Ablagerungs-Gesetzmäßigkeiten in einigen Teilen der Erde nicht der normalen ökologischen Einteilung der Lebewesen in Zonen folgen. Das heißt mit anderen Worten, daß die Meerestiere normalerweise in tieferliegenden Schichten abgelagert werden, daß man angesichts der komplexen hydrodynamischen Vorgänge während der Flut jedoch mit zahlreichen Ausnahmen zu rechnen hat.

43 Whitcomb und Morris, «Die Sintflut», S. 213, 214.

44 M.K. Hubbert and W.W. Rubey, «Role of Fluid Pressure in Mechanics of Overthrust Faulting», Bulletin of Geological Society of America, Febr., 1959, S. 122, 126. Neuere Untersuchungen zu «Überschiebungen» findet man in den folgenden Artikeln des Creation Research Society Quarterly: Harold S. Slusher, «Supposed Overthrust in Franklin Mountains, El Paso, Texas», Mai 1966; Walter E. Lammerts, «Overthrust Faults in Glacier National Park», Mai 1966; Clifford L. Burdick and Harold Slusher, «The Empire Mountains — A Thrust Fault?» Juni 1969; Clifford L. Burdick, «The Lewis Overthrust» Sept. 1969; Walter E. Lammerts «The Glarus Overthrust», März 1971, u. George F. Howe, «Overthrust Evidence as Observed at Faults caused by the San Fernando Earthquake», März 1972.

Die Küste der Antarktis

Die vereiste, abschreckende Küste der Antarktis ist eine Herausforderung, uns ihren früheren Zustand vorzustellen. Die Tatsache, daß es dort einmal warm und feucht war und eine reiche Vegetation gab, wird an den «Entdeckungen der weitverbreiteten Kohlegebiete und versteinerten Wälder deutlich» («National Geographic Magazine», Febr. 1963, S. 288, 296; vgl. Nov. 1971, S. 653).

Große Kohleablagerungen

Gewaltige Vegetationsmassen, die vor der Flut überall anzutreffen waren, wurden hier und da zu riesigen Haufen aufgetürmt, von Schlammschichten bedeckt und durch die Hitze verkohlt, die durch den enormen Druck entstand. Experimente, die von Dr. George R. Hill vom College of Mines and Mineral Industries an der Universität von Utah durchgeführt wurden, demonstrierten die Entstehung von Kohle aus Holz und anderem zellulosehaltigem Material in sehr kurzer Zeit. Seinen Bericht findet man in *Chem Tech,* Mai 1972, S. 296. ... Aus den Worten Dr. Hills läßt sich die Bedeutung seiner Ergebnisse für die Flut und andere Katastrophenmodelle ablesen. Er schreibt: «Diese Beobachtungen führen zu der Annahme, daß die hochgradigen Kohlen, Anthrazit und die kaum verdampfbare Fettkohle bei ihrer Entstehung irgendwann einmal sehr wahrscheinlich hohen Temperaturen ausgesetzt waren. *Ein möglicher Mechanismus für die Entstehung dieser Kohlen könnte ein kurzzeitiges, zu rascher Erhitzung führendes Ereignis gewesen sein»* (Duane T. Gish, «Acts and Facts», Bd. 1, Nr. 4, Institute for Creation Research, 2716 Madison Ave., San Diego, Calif. 92116). Vgl. auch Melvin Cook, «Prehistory and Earth Models» (London: Max Parrish & Co., Ltd., 1966), S. 235-37.

Explodierende Gebirge in der Zeit nach der Flut

Um 4600 v. Chr. explodierte der 3700 Meter hohe Berg Mazama; er schleuderte *70 Kubikkilometer Felsen* in die Luft und verlor dabei über 1500 Meter an Höhe. Dann brach das Innere des Berges zusammen und wurde mit Wasser gefüllt (und bildete den Crater Lake). Der See ist beachtliche 589 Meter tief und wird von 150 bis 610 Meter hohen Uferböschungen umgeben (Vgl. «National Geographic Magazine», Juli 1962, S. 128).

Um 1520 v. Chr. explodierte im Ägäischen Meer die Vulkaninsel Thera. Die Folge war, daß 130 Kubikkilometer von der Insel stellenweise bis zu einer Tiefe von 396 Meter ins Meer absanken, wobei die berühmte Minoische Kultur der Insel — und auch die der benachbarten Insel Kreta — vernichtet wurde (vgl. Spyridon Marinatos, Thera: Key to the Riddle of Minos, «National Geographic Magazine», Mai 1972, S. 702-26).

Im August des Jahres 1882 zerbarst die Insel Krakatau im Bereich des heutigen Indonesien. «Die Explosion war noch in einer Entfernung von 3200 Kilometern zu hören; die daraus resultierenden Luftvibrationen bewegten sich mehrmals um die Erde. ... Vulkanstaub verdeckte in einem Radius von 160 Kilometern die Sonne. Ein Teil fiel schließlich wieder auf die Erde zurück, 1600 Kilometer von Krakatau entfernt; der Rest, der bis in die Stratosphäre hochgeschleudert wurde, verteilte sich über die ganze Erde, so daß die letzten Monate des Jahres 1883 von großartigen Sonnenuntergängen gekennzeichnet waren. Der Höhepunkt des Schreckens kam mit den Flutwellen. Mit einer Höhe von 30 Metern und einer Geschwindigkeit von mehr als 80 Stundenkilometern verheerten sie die Küsten der Nachbarinseln Java und Sumatra. An einigen Stellen rasten sie fast einen ganzen Kilometer weit landeinwärts und waren immer noch 9 Meter hoch. Sie fegten fast 300 Städte und Dörfer weg. In dieser Katastrophe kamen 36000 Menschen ums Leben» (Ibid., S. 715).

Wenn man diese «Anfälle» der Erdkruste verhunderttausendfacht, kann man sich in etwa eine Vorstellung vom Anfangsstadium der Flutperiode machen — «an diesem Tag brachen auf alle Quellen der großen Tiefe ... und vertilgt wurde alles Bestehende» (Gen. 7,11.13).

Die Geburt eines Vulkans

Am 20. Februar 1943 wurde der Vulkan Paricutin geboren. «Aus einem Kornfeld, 290 Kilometer westlich von Mexico City, stieg plötzlich eine dichte Rauchwolke auf. Am zweiten Tag hatte der Aschenkegel bereits eine Höhe von 30 Metern erreicht. Bei jeder grollenden Explosion brach aus dem neuen Krater eine neue Ladung von Felsbrocken mit gashaltiger Lava hervor. Nach zwei Wochen war der Gipfel 155 Meter hoch, nach acht Monaten 284 Meter, und nach zwei Jahren 311 Meter. Als 1952 die Eruptionen aufhörten, war der Berg über 400 Meter hoch — die nahen Dörfer Paricutin und Parangaricutiro waren vom Schutt des neuen Berges zugedeckt worden. Lavaströme drangen bis zu einer Entfernung von 10 Kilometern vor» (Lorus J. Milne, «Life Nature Library: The Mountains», New York: Time, Inc., 1962, S. 37; vgl. auch James A. Green, «Paricutin, the Cornfield that Grew a Volcano», National Geographic Magazine, Febr., 1944, S. 129-64).

Sidney P. Clementson, ein englischer Ingenieur, analysierte die veröffentlichten Berichte von Gesteinen, die von zwölf Vulkanen in Rußland stammten, sowie Gesteinsproben aus anderen Teilen der Welt, die — nach den üblichen Radiokarbonmethoden ermittelt — zwischen 100 Millionen und 10 Milliarden Jahren alt sein mußten. Dabei wußte man jedoch, daß dieses Vulkangestein in den letzten 200 Jahren entstanden war! Clementson schließt: «Berechnete Altersangaben sagen über das Alter der meisten Gesteine überhaupt nichts aus. In den Fällen, wo das berechnete Alter Millionen von Jahren beträgt, können die Gesteine noch ganz jung sein. Außerdem haben diese Altersangaben keinerlei Beziehung zu dem Alter der Erde, weil die verschiedenen berechneten Altersangaben natürlich große Unterschiede aufweisen. Aus diesem Grund sind die Verhältnisse der Ausgangs- und Tochterelemente tatsächlich lediglich als Verhältnisse anzusehen. Es ist äußerst fragwürdig und mit vielen unüberprüfbaren Annahmen belastet, wenn man diese Verhältnisse als Grundlage für die 'Altersbestimmung' der Gesteine oder der Erde selbst benutzt. Diese Folgerung stimmt mit der Theorie einer jungen Erde und einer jungen Schöpfung überein, die wir von der Bibel ableiten» («A Critical Examination of Radioactive Dating of Rocks», Creation Research Society Quarterly, Dez., 1970, S. 141).

Schlußfolgerung

Wenn die Annahme einer universalen Flut viele wichtige Merkmale der Erdkruste weitaus besser erklärt als andere Theorien, drängt sich die Frage auf, weshalb sie nicht von mehr Geologen anerkannt wird. Diese Frage kann zweifach beantwortet werden. Erstens muß die Flut durch eine übernatürliche Intervention verursacht worden sein, und die moderne Wissenschaft läßt natürlich für solche Eingriffe keinen Raum. Zweitens hat die große Mehrheit der historischen Geologen niemals die relativen Verdienste des uniformitarianistischen Ansatzes gegenüber einer globalen Katastrophenlehre auch nur untersucht. Aus diesem Grund können sie auf diesem Gebiet nicht als kompetente und objektive Sachverständige auftreten.

Man beachte zum Beispiel folgende Aussage C.P. Martins von der McGill University im Blick auf die Evolutionstheorie:

> Die weitaus größte Anzahl der Studenten, mit denen ich zusammenkomme — sie rekrutieren sich aus zahlreichen Universitäten Amerikas und Kanadas —, sind vollständig von dem Gedanken beherrscht, daß die Theorie einer Evolution durch Mutation eine abgemachte Sache, eine über jeden Zweifel erhabene Tatsache sei. Sie sind sich der Schwierigkeiten nicht bewußt, die ich oben erwähnt habe, und messen ihnen auch nur eine geringe Bedeutung bei; sie haben nie etwas davon gehört und sind schon über die Möglichkeit erstaunt, daß man diese Theorie noch in Frage stellen kann.[45]

Was auf die Evolution zutrifft, trifft auch auf den Uniformitarianismus zu[46], da beide Hypothesen rein naturalistische Extrapolationen in den Bereich der Kosmogonie, ungeachtet der biblischen Lehren von einer übernatürlichen Schöpfung und Katastro-

45 C.P. Martin, «A Nongeneticist Looks at Evolution», American Scientist, Januar 1953, S. 105. Ähnlich vgl. G.A. Kerkut, «Implications of Evolution» (New York: Pergamon Press, 1960), S. 3-5.

46 Wir pflichten zwar den Motiven und den Mechanismen der globalen Katastrophenlehre von Immanuel Velikovsky in keiner Weise bei (obwohl man besonders aus seinem Buch «Earth in Upheaval» viele wertvolle Einsichten gewinnen kann), jedoch ist es faszinierend, wie das uniformitarianistische Establishment auf seine Schriften reagiert. Wenn schon eine säkulare Alternative auf den

phenlehre, sind. Wir sind fest davon überzeugt, daß diese Lehren von der Wissenschaft nicht widerlegt, sondern einfach abgelehnt und ignoriert werden. Der Apostel Petrus sah die Situation voraus, als er sagte, daß die, die «in den letzten Tagen» die Sintflut zugunsten einer uniformitarianistischen Theorie leugnen würden, dies nicht aufgrund zwingender wissenschaftlicher Beweise tun — sie *wollen* (griechisch *thelontas*), daß dies so ist (2. Petr. 3,5)!

Als Christen, die an die absolute Autorität des Wortes Gottes — nicht nur im geistlichen Bereich, sondern auch in der Geschichte und in den Wissenschaften — glauben, haben wir das unerhörte Vorrecht, mit der Hilfe Gottes alles an dieser unfehlbaren Offenbarung der Wahrheit zu messen. Nur dann können wir erwarten, aus den schrecklichen Banden des Irrtums befreit und in das Licht gebracht zu werden, in dem der Gott der Schöpfung und Offenbarung wohnt.

Uniformitarianismus in so fanatischer Weise unterdrückt wird, kann man sich gut vorstellen, wie es einer *biblischen* Katastrophenlehre in solchen Kreisen ergehen würde! Vgl. Alfred de Grazia, «The Velikovsky Affair» (New Hyde Park, N.Y.: University Books, 1966), und die Sonderausgaben vom Mai 1972 und Herbst 1972 von «Pensee» (P.O.Box 414, Portland, Ore. 97207). Vgl. auch Norman Macbeth, «Darwin Retried», S. 110-16.

Kapitel 4

Die Kernfrage: Ist die Bibel wirklich Gottes Wort?

Wenn die Komplexität des Lebens und der gesamten Energiesysteme des Universums logischerweise einen kosmischen Evolutionismus *ausschließt* (vor allem wegen des zweiten Hauptsatzes der Thermodynamik), dann führt das weltweite Beweismaterial für das Massensterben von Tieren, für riesige sedimentäre Schichten, gewaltige Lavaströme, gefrorene Tundras und arktische Zonen sowie für vor noch nicht langer Zeit erfolgte Hebungen von Gebirgsketten die uniformitarianistische Theorie von der Erdgeschichte *ad absurdum,* die die Geologen heute gewöhnlich vertreten.

Viele von uns sind sich der seltsamen Unfähigkeit des menschlichen Verstandes schmerzlich bewußt, korrekte metaphysische und theologische Schlüsse aus der empirischen Beobachtung zu ziehen. Es ist eine Illusion zu glauben, man könne seine Weltanschauung durch eine sorgfältige und unvoreingenommene Erforschung der gesamten relevanten Daten aus Erfahrung und Logik gewinnen. Die Geschichte hat bewiesen, daß sich *alle* führenden Wissenschaftler bei ihrer Interpretation verschiedener wichtiger Aspekte unseres Universums *vollständig* getäuscht haben. Und es war noch verhängnisvoller, daß sich *alle* führenden Theologen bestimmter Epochen der Kirchengeschichte bei ihrer Interpretation wichtiger Lehren des christlichen Glaubens, wie wir sie in der Heiligen Schrift finden, *vollständig* getäuscht haben. In den beiden Bereichen der Wissenschaft und der Theologie sind die Möglichkeiten, sich zu irren, unübersehbar groß, da korrekte Interpretationen von Naturphänomenen und Bibeltexten gewöhnlich auf eine sehr empfindliche Art und Weise von einer komplexen Grundlage bereits bestätigter Annahmen und Methodologien abhängen. Mit einem Wort: Korrekte Schlußfolgerungen in der heutigen Kontroverse zwischen Bibel und Wissenschaft hängen von korrekten Ausgangspunkten ab.

Für einen Gläubigen muß das geschriebene und richtig interpretierte Wort Gottes in jedem wichtigen und bedeutenden Bereich der Ausgangspunkt für stichhaltige Schlüsse sein. Wenn die grammatisch-historische («normale») Auslegungsmethode, die von Gott und der Vergangenheit bestätigt wurde, gültig ist, dann können biblische Aussagen über die Geschichte und die Lehre von dem Ausleger nicht nach Belieben verdreht werden. Doch schon zur Zeit der Apostel geschah dies sehr häufig! Petrus wurde dadurch veranlaßt, sehr nachdrücklich die Mahnung auszusprechen: «... wie auch unser geliebter Bruder Paulus ... euch geschrieben hat, wie auch in allen Briefen. ... In diesen (Briefen) ist einiges schwer zu verstehen, was die Unwissenden und Unbefestigten verdrehen wie auch die übrigen Schriften zu ihrem eigenen Verderben» (2. Petr. 3,15-16). Hier ist besonders zu beachten, daß Petrus eine solche Verdrehung und Mißachtung der Heiligen Schrift als «zu ihrem eigenen Verderben» bezeichnet. Die Auslegung des Wortes Gottes ist somit keine vergnügliche Freizeitbeschäftigung, sondern eine erschreckend ernsthafte Angelegenheit für die Gläubigen.

Dies trifft besonders auf die Genesis zu, dem grundlegenden Buch der Heiligen Schrift, seine oft verdrehten ersten elf Kapitel eingeschlossen. Von einigen Ausnahmen abgesehen[1], zitieren sonst alle Bücher des Neuen Testaments Gen. 1-11. *Jedes Kapitel* von Gen. 1-11 wird an irgendeiner Stelle des Neuen Testament zitiert. *Jeder Schreiber eines neutestamentlichen Buches* bezieht sich auf Gen. 1-11. *Und Jesus Christus selbst bezog sich auf jedes einzelne der ersten elf Kapitel der Genesis.*[2]

Wer die Heilige Schrift gründlich kennt, weiß genau, daß er einmal vor dem Richterstuhl Christi erscheinen und sich verantworten muß, wie er mit der Heiligen Schrift umgegangen ist. (Röm. 14,10.12; 1. Kor. 3,10-15; 2. Kor. 5,10; Offb. 22,18-19). Ein Gläubiger ist durchaus zu entschuldigen, wenn er in den Bereichen der Astrophysik, Geologie, Mikrobiologie oder Genetik nicht alle Einzelheiten kennt — in unserer Zeit des Spezialistentums ist es

1 Philipper, Thessalonicher, 2. Timotheus, Titus, Philemon, 2./3. Johannes.
2 Henry M. Morris, «The Remarkable Birth of the Planet Earth» (San Diego: Institute for Creation Research, 1972), S. 103.

nämlich nicht mehr möglich, sein eigenes Arbeitsgebiet völlig zu beherrschen, von anderen wichtigen Disziplinen ganz abgesehen![3] Er ist jedoch *nicht* zu entschuldigen, wenn er das geoffenbarte Wort Gottes bewußt mißachtet:

> Er aber antwortete und sprach: Habt ihr nicht gelesen....? (Matth. 19,4).
>
> Jesus aber spricht zu ihnen: Ja, habt ihr nie gelesen...? (Matth. 21,16).
>
> Ihr irret, weil ihr die Schriften nicht kennt, noch die Kraft Gottes (Matth. 22,29).
>
> Habt ihr nicht im Buch Mose gelesen...? (Mark. 12,26).
>
> Wenn sie Mose und die Propheten nicht hören, so werden sie auch nicht überzeugt werden, wenn jemand aus den Toten aufersteht (Luk. 16,31).
>
> Und er sprach zu ihnen: O ihr Unverständigen und trägen Herzens, zu glauben alles, was die Propheten geredet haben (Luk. 24,25).
>
> Denn wenn ihr Mose glaubtet, so würdet ihr mir glauben, denn er hat von mir geschrieben. Wenn ihr aber seinen Schriften nicht glaubt, wie werdet ihr meinen Worten glauben? (Joh. 5,46.47).
>
> Wer ... meine Worte nicht annimmt, hat den, der ihn richtet: das Wort, das ich geredet habe, das wird ihn richten am letzten Tag (Joh. 12,48).
>
> ... und wandeln nicht in Arglist, noch verfälschen wir das Wort Gottes (2. Kor. 4,2).
>
> Befleißige dich, dich Gott bewährt darzustellen als einen Arbeiter, der sich nicht zu schämen hat, der das Wort der Wahrheit recht austeilt (2. Tim. 2,15).
>
> ... daß in den letzten Tagen Spötter mit Spötterei kommen werden, die nach ihren eigenen Begierden wandeln und sagen: ... bleibt alles so von Anfang der Schöpfung an ... indem sie dies behaupten, ist ihnen verborgen ... In diesen ist einiges schwer zu verstehen, was die Unwissenden und Unbefestigten verdrehen wie auch die übrigen Schriften, zu ihrem eigenen Verderben (2. Petr. 3,3-5.16).

Reife Christen, die tief in der Heiligen Schrift gegründet sind, haben vor historischen, archäologischen oder naturwissenschaftlichen Entdeckungen keine Angst, die irgendeinen Text oder irgendeine Aussage des unfehlbaren Wortes aufzuheben scheinen.

3 Man schätzt, daß allein auf dem Gebiet der Mathematik jedes Jahr 50000 wichtige Artikel veröffentlicht werden!

«Denn wahrlich, ich sage euch: Bis der Himmel und die Erde vergehen, soll auch nicht *ein* Jota oder *ein* Strichlein von dem Gesetz vergehen, bis alles geschehen ist» (Matth. 5,18). Die nun schon einhundert Jahre alte archäologische Forschung in Palästina, bei der man bislang die Oberfläche nur «ankratzen» konnte,[4] hat das Vertrauen in die historischen und geographischen Aussagen der Schrift mehr als gerechtfertigt. Der echte Glaube an das Wort Gottes ist von solchen Bestätigungen nicht *abhängig,* sie können uns aber doch eine gewisse intellektuelle Befriedigung geben und uns den Hintergrund verschiedener Plätze, Personen und Ereignisse in der Bibel aufzeigen.

Ein Thema für sich ist die allgemeine Evolutionstheorie. Um die Jahrhundertwende gab es kaum noch einen Wissenschaftler von Ruf, der gewagt hätte, gegen die Theorie Darwins aufzutreten, die behauptet, daß sich das gesamte Leben (der Mensch eingeschlossen) durch natürliche (oder «schicksalhafte») Prozesse aus einem kleinen, einfachen Meeresorganismus entwickelt hätte. Die Zoologen und Biologen hatten gesprochen, und die große Mehrheit der Gebildeten verneigte sich ehrerbietig. In der Folge wurde auf den denkenden Christen ein großer Druck ausgeübt, den Schöpfungsbericht der Genesis der fast einstimmigen Meinung der führenden Wissenschaftler anzupassen und anzugleichen.

Viele Christen waren jedoch nicht bereit, diesem Druck nachzugeben, weil sie zutiefst davon überzeugt waren, daß eines Tages neues Licht auf die Gebiete fallen würde, in denen die Heilige Schrift in offensichtlichem Gegensatz zu den Naturwissenschaften stand. Und dieser Glaube und diese Zuversicht haben sich in sehr bemerkenswerter Weise als gerechtfertigt erwiesen. Die Festung des Evolutionismus läßt bereits große Lücken erkennen, so daß nun sogar weltliche Autoren wie G.A. Kerkut[5] und Norman Macbeth[6] ernsthafte und überzeugende Einwände gegen das ganze neodarwinistische System erheben. Wir haben heute Dutzende von hervorragenden Büchern, die von kompetenten gläubigen

4 Vgl. Edwin Yamauchi, «The Stones and the Scriptures» (Philadelphia: J.B. Lippincott Co., 1972), S. 146-57.

5 G.A. Kerkut, «Implications of Evolution» (New York: Pergamon Press, 1960).

6 Norman Macbeth, «Darwin Retried» (Boston: Gambit, Inc., 1972).

Wissenschaftlern geschrieben wurden und die Trugschlüsse der *allgemeinen* Evolutionstheorie (Makroevolution) sowie die Unhaltbarkeit einiger Aspekte der *besonderen* Evolutionstheorie (Mikroevolution) aufzeigen. Die Gläubigen haben zunehmend erkannt, daß Kompromißhaltungen, wie die theistische Evolution, gefährlich und vollkommen unnötige Konzessionen an die Feinde des Wortes Gottes sind.[7]

Wenn nun die erschaffenen «Arten» der Genesis durch wissenschaftliche Entdeckungen und theologische Auseinandersetzungen seit 1950[8] geklärt und gerechtfertigt wurden, ist mit Recht anzunehmen, daß dasselbe auch im Blick auf die ebenso wichtigen Grundsätze einer jungen Erde und einer universalen Flut in den Tagen Noahs möglich ist. Die *Art und Weise,* wie Gott das Leben erschuf (nämlich durch direkte Schöpfung, nicht durch einen evolutionären Prozeß), wird in dem Schöpfungsbericht der Genesis mit deutlichen Worten beschrieben. Aber auch die *Reihenfolge,* in der dies geschah (zum Beispiel Obstbäume vor den Meereslebewesen), und die *Zeit,* die dazu nötig war (sechs Tage, vgl. Ex. 20,11), sind aus der Genesis klar ersichtlich. Und gerade die Reihenfolge und die Dauer dieser Schöpfungsereignisse setzen eine Erde, die verhältnismäßig jungen Ursprungs ist, sowie eine Katastrophe globalen Ausmaßes (eigentlich ein einjähriger Komplex von Millionen von Katastrophen) am Anfang der Menschheitsgeschichte voraus.

Christen, die der historisch-grammatischen Auslegungsmethode (die die einzig vertretbare ist) verpflichtet sind, können die Frage nach der Länge der Schöpfungstage und die Frage nach der Größe der Flut genausowenig außer acht lassen, wie sie die Frage, ob Jesus in Bethlehem geboren wurde oder nicht (sobald man sich einig ist, daß er von einer Jungfrau geboren wurde), ignorieren können. Der Ausleger, der dem Beispiel Jesu und der Apostel folgt, ist der biblischen Geschichte in ihrer Gesamtheit verpflichtet, nicht nur einigen Einzelaspekten. So kann auch ein Wissenschaftler, der diesen Namen verdient, keine Theorie aufstellen, die

7 Vgl. Henry M.Morris, «Theistic Evolution», Creation Research Society Quarterly, März 1972, S. 269-72.

8 Vgl. J.C. Whitcomb, jr., «The Early Earth» (Grand Rapids: Baker Book House, 1972), S. 77-91.

ganz bewußt gegenteiliges Beweismaterial ignoriert. Ein Interpretationsschema, das nicht zuläßt, daß *alle* Faktoren berücksichtigt werden, muß aufgegeben werden.

Die christliche Öffentlichkeit wurde vor allem seit den frühen sechziger Jahren auf die Notwendigkeit aufmerksam gemacht, *eine biblisch begründete und deshalb entscheidende* Alternative zum naturalistischen Szientismus zu vertreten. Dies geschah durch Bücher verschiedener Wissenschaftler wie Henry M. Morris, Duane T. Gish, George F. Howe, Walter E. Lammerts, John N. Moore, John W. Klotz, William J. Tinkle, Thomas G. Barnes, Paul A. Zimmerman, Harold S. Slusher, George W. Mulfinger, Wilbert H. Rusch, Sr., Frank L. Marsh, Melvin A. Cook, Bolton Davidheiser und Robert V. Gentry, um nur einige wenige zu nennen. Selbst wenn die Evolutionsmechanismen in Frage gestellt und erstaunliche Lücken im Fossilbericht aufgezeigt werden, so blüht trotzdem der Glaube und die Zuversicht in das neodarwinistische System in den Herzen ihrer Vertreter weiter. Wenn nun aber auch die *Zeitskala der evolutionären Entwicklung* in Frage gestellt und die vielen Milliarden Jahre der Erdgeschichte plötzlich auf *lediglich einige tausend Jahre* reduziert werden, bleibt den Neodarwinisten nur noch die Verzweiflung. Charles Darwin hat das selbst sehr gut verstanden. Als nämlich Lord Kelvin (William Thomson) darauf bestand, daß die Erde nicht mehr als fünfzehn oder zwanzig Millionen Jahre alt sein könnte, ... nannte er Lord Kelvin ein «verhaßtes Gespenst» und befürchtete, daß es mit dem Darwinismus vorbei sei, wenn Kelvin recht hätte: «Die kurze Geschichte der Erde, die Lord Kelvin vertritt, macht mir große Sorge, weil meine Theorien eine sehr lange Periode voraussetzen.»[9]

Als John W. Klotz die Oberflächlichkeit der üblichen Argumente für die Evolution in seinem monumentalen Werk *Genes, Genesis and Evolution* aufzeigte, hätte er eine größere Aufnahme finden können (auch in christlichen Kreisen, die der theistischen Evolution anhängen), wenn er nicht solche «elektrisierenden» Aussagen wie die folgende gemacht hätte: «Die Heilige Schrift weist uns darauf hin, daß das Alter der Erde in Tausenden, nicht in Millionen und Milliarden Jahren zu messen ist.»[10]

9 Norman Macbeth, «Darwin Retried» (Boston: Gambit, Inc., 1971), S. 109.
10 John W.Klotz, «Genes, Genesis and Evolution» (St. Louis: Concordia Pub. House, 1955), S. 114, 116.

Die biblische Katastrophenlehre und der Uniformitarianismus

Es waren natürlich die historischen Geologen (Geologen, deren Spezialgebiet die Erdgeschichte ist), die die Vorstellung einer universalen Flutkatastrophe am Anfang der Menschheitsgeschichte bekämpften. Die Ursache für die Ablehnung irgendeiner oder mehrerer Katastrophen ist jedoch nicht das uniformitarianistische System, das heutzutage viel flexibler ist als früher. Ein Geologe schreibt zum Beispiel:

In der Anfangszeit der geologischen Wissenschaft verstand man unter «Uniformität» nicht nur die Kontinuität der Naturgesetze in der Zeit (methodologischer Uniformitarianismus), sondern man meinte auch, daß die Prozesse der Vergangenheit dieselben Merkmale und dieselbe Geschwindigkeit gehabt hätten wie die gegenwärtig beobachtbaren Naturprozesse (substantivischer Uniformitarianismus). Die letztgenannte Vorstellung entwickelte sich als extreme Reaktion auf die im 18. und 19. Jahrhundert weitverbreitete Katastrophenlehre. Sie entbehrt in Wirklichkeit jeder Grundlage und wird heute von praktisch allen Geologen abgelehnt.[11]

Wenn christliche (und andere) Geologen des Uniformitarianismus beschuldigt werden, protestieren sie oft sehr heftig, damit sie nicht mit den extremen Vorstellungen in Zusammenhang gebracht werden, die verschiedene uniformitarianistische Geologen vergangener Tage vertreten haben.[12]

11 Davis A. Young, Rezension von «Symposium on Creation II», bei Donald W. Patten, in «Westminster Theological Journal», Nov., 1971, S. 65. Vgl. auch Clifford L. Burdick, The Structure and Fabric of Geology, «Creation Research Society Quarterly», Dez. 1970, S. 143. Beachte vor allem sein Zitat aus der Rede von Norman Newell, die er 1963 vor dem Geologischen Institut Amerikas hielt (vgl. auch «Newsweek», 23. Dez. 1963, S. 48).

12 So widersetzen sich oft auch evolutionistische Anthropologen der Behauptung, sie würden den Menschen «vom Affen abstammen lassen». Sie antworten, daß der Mensch *nicht* vom Affen abstammt, sondern daß sich der Mensch *und* der Affe aus einer gemeinsamen, subhumanen Ahnenbevölkerung entwickelt haben! «Man meint, daß dies ein wichtiger Unterschied sei. Aber es ist Tatsache, daß die Evolutionisten im allgemeinen und Charles Darwin im besonderen schriftlich festgehalten haben, daß sie *doch* glauben, daß wir von Affen abstammen.» Dr. Bolton Davidheiser zitiert im folgenden solche Proteste wie

Die Empfindlichkeit vieler historischer Geologen gegenüber der Kritik von Wissenschaftlern, die außerhalb ihrer Disziplin stehen, läßt sich folgendermaßen veranschaulichen. In dem Buch *Die Sintflut* wurde der Gebrauch des Wortes «Uniformitarianismus» von den Autoren sorgfältig definiert. Sie versuchten deutlich zu machen, daß viele Verfechter dieser Hypothese zwar verschiedene ausgedehnte Katastrophen in der Erdgeschichte tatsächlich für möglich halten (die auf jeden Fall mit rein naturalistischen Begriffen erklärt werden müssen), sie jedoch *nicht* bereit sind, übernatürliche weltweite Katastrophen wie die in der Genesis beschriebene Flut oder das in 2. Petr. 3 und anderen Stellen beschriebene Endgericht über die Welt zuzugestehen. Es ist in der Tat so, daß sie irgendwelche übernatürlichen Eingriffe Gottes in die Naturkausalität von Ursache und Wirkung unseres angeblich «geschlossenen Universums» gar nicht zugestehen können, wenn sie noch Uniformitarianisten sein wollen.[13]

Die Christen, die die Heilige Schrift verstehen, sind sich der Tatsache sehr wohl bewußt, daß man die Gültigkeit des uniformitarianistischen Systems in einem eingeschränkten Sinn für die Zeit nach der Flut und vor der Wiederkunft Christi, in der wir *heute* leben, durchaus vertreten kann (z.B. 2. Petr. 3,7: «Die jetzigen Himmel und die jetzige Erde aber sind durch dasselbe Wort aufbewahrt und für das Feuer aufgehoben zum Tag des Gerichts und des Verderbens der gottlosen Menschen»). Dies trifft vor allem auf die heutigen *geologischen* Prozesse (z.B. die Geschwindigkeit der Erdrotation und die Neigung der Erdachse — Gen. 8,22), auf *astronomische* Prozesse (z.B. die Bewegung von Himmelskörpern

auch die Wissenschaftler, die diese Haltung offen vertreten. «Evolution and Christian Faith» (Nutley, N.J.: Presbyterian & Reformed Pub. Co., 1969), S. 24ff.

13 Von diesem Standpunkt aus betrachtet, ist es kaum verständlich, wie ein konsequenter Christ auch nur ein «methodologischer Uniformitarianist» im eigentlichen Sinn des Wortes sein kann. Andererseits kann Immanuel Velikovsky (und bis zu einem gewissen Grad auch Donald Patten) *eine weltweite* Katastrophe, die vor einigen Tausend Jahren stattgefunden haben soll, vertreten und trotzdem als «methodologischer Uniformitarianist» bezeichnet werden, weil er Wunder und die Historizität der Genesis ablehnt. Es soll noch einmal betont werden, daß die biblische Katastrophenlehre sowohl für die *Ursache* als auch für die *Größe* der Flut von Wichtigkeit ist.

— Jer. 33,20.25)[14] sowie *meteorologische* Prozesse (vgl. Pred. 1,6; Matth. 16,2.3) zu.

Außerdem läßt die Heilige Schrift innerhalb des Rahmens dieser von Gott verbürgten Phase der Erdgeschichte — dieser Phase eines eingeschränkten Uniformitarianismus — durchaus die Möglichkeit verschiedener Katastrophen zu, die nicht übernatürlicher Art sind, wie zum Beispiel Erdbeben (vgl. Am. 1,1; Sach. 14,5), Überschwemmungen, Vulkanausbrüche, Meteoriteneinschläge etc. Die Autoren von *Die Sintflut* gaben sich große Mühe, diesen Punkt klar herauszustellen.[15]

Die Katastrophenlehre der Bibel hat auch noch die Voraussetzung, daß die *normale* und *charakteristische* Struktur des Handelns Gottes in der Welt während ihrer *gesamten* Geschichte uniformitarianistische Prozesse sein müssen, weil die Wunder sonst aufgrund ihrer Häufigkeit und Vertrautheit ihre Eigenart und Bedeutsamkeit einbüßen würden. «Übernatürliche Eingriffe werden erst vor dem Hintergrund eines grundsätzlich uniformen Systems bedeutsam.»[16]

Schließlich wiesen die Autoren von *Die Sintflut* darauf hin, daß die Katastrophenlehre der Bibel, insofern sie dem geologischen Uniformitarianismus widerspricht, nur jene *seltenen* Fälle betrifft, wo Gott «*bei den in der Schrift erwähnten Gelegenheiten*» (vor allem während der Schöpfungswoche und des Flutjahres) «direkt in die normalen physikalischen Prozesse des Universums eingriff und dadurch *eine Zeitlang* wichtige Veränderungen verursachte».[17] Und doch vertritt Dr. Davis A.Young, ein christlicher Geologe, der die Vorstellung einer universalen Flut ablehnt, im Grunde genommen gerade diese Position:

Die Tatsache, daß Gott ab und zu eingreift, setzt den methodologischen Uniformitarianismus als grundlegendes Leitprinzip zum

14 Vgl. J. C.Whitcomb jr., «Solomon to the Exile» (Grand Rapids: Baker Book House, 1971), S. 127-29, wo der Autor beweist, daß das Zurückgehen des Schattens auf der Sonnenuhr des Königs Hiskia ein örtlich beschränktes Wunder der Brechung des Lichts war und der «lange Tag» von Jos. 10,12-14 ähnlich verstanden werden muß.

15 Whitcomb und Morris, *Die Sintflut,* S. 155, 156, 162, 163, 168, 169, 302, 303, 327, 328, 342

16 Whitcomb und Morris, *Die Sintflut* S. 35, Fußnote 2

17 Whitcomb und Morris, *Die Sintflut* S. 35, Fußnote 2

Verständnis jener Zeitabschnitte, in denen Gott nicht eingriff, nicht außer Kraft! Die Extrapolation von gegenwärtigen Gesetzen in die Vergangenheit ist eine legitime Methode des christlichen Geologen, von den Fällen abgesehen, bei denen die Heilige Schrift unzweideutig auf einen direkten Akt Gottes hinweist. Die Bibel schließt in keiner Hinsicht diesen grundsätzlichen, wenn auch unterbrochenen uniformitarianistischen Ansatz aus.[18]

Ist diese Haltung nicht inkonsequent? Würde ein führender «methodologisch-uniformitarianistischer Geologe» je die Möglichkeit einräumen, daß sein erdgeschichtliches System von einem direkten Akt Gottes «unterbrochen» werden könnte? Und welches exegetische oder hermeneutische Prinzip wandte Dr. Young an, wenn er die Auffassung vertritt, daß die Flut weder universal noch ein «direkter Akt Gottes» war? Die Antwort auf diese Frage liegt auf der Hand. Er hielt es offensichtlich nicht für nötig, den Text der Heiligen Schrift zu prüfen. Warum? Weil die Geologen bereits gesprochen hatten! «Die Geologen weisen heute diese weltweite Flutkatastrophe als umfassendes Erklärungsprinzip zurück. Der Grund für diese Ablehnung sind nicht in erster Linie philosophische Vorurteile, sondern ganz einfach die Tatsache, daß man keine Beweise für eine solche Katastrophe fand.»[19]

Wir haben ja schon gezeigt, daß es tatsächlich eine ganze Kette von Beweisen für eine globale Überschwemmung gibt, aber dies ist hier nicht unser Thema. Unsere erste Bemerkung zu Dr. Youngs Stellung ist Gottes Antwort durch den Apostel Petrus — die Leugnung der Tatsache, daß die Welt durch eine Flut zerstört wurde, geschieht *willentlich*. Aus diesem Grund hängt die Leugnung der Flut heute vom Standpunkt Gottes aus betrachtet *tatsächlich* von philosophischen Voraussetzungen ab. Zweitens wollen wir Dr. Young daran erinnern, daß man auch für die direkte Erschaffung des Menschen aus dem Staub der Erde keine Beweise gefunden hat, denn er schreibt an einer Stelle: «Wir müssen als Christen die Vorstellung, daß sich der Mensch aus nicht-menschli-

18 Davis A.Young, Rezension von «Symposium on Creation—II», Donald W.Patten, Hrsg. Westminster Theological Journal, Bd. 34, Nr. 1 (Nov., 1971), S. 65.

19 Young, S. 65. Vgl. die fast identische Aussage von Roger J.Cuffey, «Reaction and Rebuttal» JASA März 1971, S. 24.

chem, tierischem Leben entwickelte, bis aufs Blut bekämpfen.»[20] Haben wir Christen etwa das Vorrecht, eine Entscheidung darüber zu treffen, welche «direkten Akte Gottes» wir «bis aufs Blut» verteidigen wollen? Müssen die Gläubigen die biblische Lehre einer weltweiten Flut einfach deshalb aufgeben, weil einige Geologen behaupten, daß man keine Beweise gefunden habe?

So unterminiert eine biblische Katastrophenlehre also in keiner Weise alle historischen Wissenschaften; sie führt keine irrationalen und unberechenbaren Faktoren in die sonst normalen Prozesse der Welt ein; und sie ignoriert die Flexibilität der heutigen historischen Geologen nicht, die bereitwillig verschiedene größere (aber nicht übernatürliche!) Katastrophen in der Vergangenheit einräumen. Wenn die Autoren von *Die Sintflut* diese Haltung haben, dann erstaunt es, wenn man Rezensionen von anerkannten christlichen Gelehrten wie die folgende liest:

> Die Autoren geißeln den «Uniformitarianismus» vom Anfang bis zum Ende. ... Wenn man den Ansatz der Autoren konsequent durchführte, wäre jede wissenschaftliche Methode unmöglich. Man möchte Dr. Morris ganz offen fragen, weshalb er sich eigentlich noch mit Forschung und Lehre in den Ingenieurwissenschaften befaßt. Alle wissenschaftlichen Gesetze stützen sich auf den Uniformitarianismus. Nur ein wissenschaftlicher Dogmatismus ist abzulehnen. Die Autoren beziehen sich ohne zu zögern in Hunderten von Fällen ja selbst auf die Wissenschaft, um ihre Argumente zu stützen![21]

Das folgende Zitat stammt von einem «theologisch geschulten christlichen Erzieher, der nicht im Lager der professionellen Geologen steht».

«In einigen Bereichen versagen die Argumente des Buches. Zuerst stellt man eine falsche Definition von «Uniformitarianismus» als Strohmann auf. ... Es ist eine Tatsache, daß die Geologen mit unveränderlichen Gesetzen der Physik und der Chemie rechnen, zugleich aber die Auffassung vertreten, daß sich die Geschwindig-

20 Davis A.Young, Rezension von «Evolution and Christian Faith» von Bolton Davidheiser in The Westminster Theological Journal, Bd. 23, Nr. 2 (Mai 1971), S. 223.

21 William Sanford LaSor, Rezension von «The Genesis Flood», in Eternity, August 1961, S. 43.

keiten der geomorphen Prozesse geändert haben und sich noch immer stark verändern. Vor allem in der Tektonik und in der Paläontologie sieht man dies als gegeben an.»[22]

Solche Aussagen sind für das fundamentale und weitverbreitete Mißverständnis der tiefen Kluft nur allzu typisch, die eine echte biblische Katastrophenlehre von dem uniformitarianistischen System (sei es substantieller oder methodologischer Natur) trennt. Diese Erklärungsweisen sind nicht nur graduell verschieden. *Sie unterscheiden sich grundsätzlich.* Die eine ehrt das ganze Zeugnis des inspirierten Gotteswortes. Die andere manipuliert die Schrift im Lichte der menschlichen Logik und Erfahrung, oder läßt sie völlig außer acht.

Uniformitarianismus und eine brennende Kerze

Viele Wissenschaftler behaupten, fast unfehlbare Methoden zur Ermittlung des Erdalters und der verschiedenen Gesteinsformationen zu besitzen. Diese Methoden stützen sich jedoch alle auf zwei grundlegende und unbeweisbare Annahmen:

(1) Die Annahme eines Ausgangspunktes oder eines ursprünglichen Zustands, und (2) die Annahme einer unveränderlichen Ablaufgeschwindigkeit von diesem Ausgangspunkt bis zur Gegenwart.

Man stelle sich eine brennende Kerze in einem von allen Menschen verlassenen Haus vor. Sie brennt mit der Geschwindigkeit von einem Zentimeter pro Stunde nieder. *Frage:* Wie lange hat sie gebrannt, und wann wurde demnach das Haus verlassen? *Antwort:* Die Frage ist nicht zu beantworten, bevor man nicht weiß, wie hoch die Kerze war, als sie angezündet wurde, und wie schnell sie am Anfang gebrannt hat!

Frage: Wie alt ist die Erde? *Antwort:* Diese Frage kann nicht beantwortet werden, bevor man nicht weiß, wann sie begann und wie schnell sie sich seit diesem Zeitpunkt verändert hat! Wenn die Erde am Anfang aus einer geschmolzenen Masse von Gestein und

22 Frank H. Roberts, Rezension von «The Genesis Flood» in Journal of the American Scientific Affiliation, März 1964, S. 28.

Metall bestand und mit einer konstanten Geschwindigkeit abkühlte, wäre sie viele Millionen Jahre alt. *Wenn wir jedoch dem Bericht Gottes in der Genesis glauben, dann wurde sie mit einer abgekühlten Kruste und Ozeanen geschaffen.* Es wären also keine Millionen von Jahren zur Bildung der Erdkruste und der Meere nötig gewesen. Dies ist auch vollkommen vernünftig, weil die Erde als Aufenthaltsort des Menschen geschaffen wurde (Ps. 115,16; Jes. 45,18). Mußte Gott Millionen (oder Milliarden) von Jahren warten, damit dies geschehen konnte? Wenn Gott Adam und Eva als «Erwachsene» erschaffen konnte, war er dann nicht auch in der Lage, eine «erwachsene» Erde zu schaffen? Weil die Uniformitarianisten im Grunde nicht wissen, woher eine ursprünglich geschmolzene Masse von Gestein und Metall stammen könnte, gibt es im Blick auf das Schöpfungsmodell keine wirklich vernünftige Alternative. Eine faszinierende Analyse dieses ganzen Problemkomplexes führte der Wissenschaftler und Theologe Charles A. Clough durch. Siehe sein Buch «Laying the Foundation» (Lubbock, Texas, Lubbock Bible Church, 3202 34th Str., 1973), S. 1-133.

Stehen die Geologen über der Bibel?

Eines der größten Probleme in der gegenwärtigen Diskussion über die Sintflut ist das unerschütterliche Vertrauen, das viele christliche Wissenschaftler in die uniformitarianistischen Grundsätze für die Erdgeschichte haben. Sie scheinen die Auffassung zu vertreten, daß die gegenwärtig anerkannte geologische Zeittafel um jeden Preis beibehalten werden müsse, wenn das Christentum im zwanzigsten Jahrhundert noch glaubhaft sein soll!

So kann zum Beispiel ein christlicher Geologe, der an die Verbalinspiration der Heiligen Schrift und die Möglichkeit von Wundern zu glauben vorgibt, behaupten: «Als Geologe finde ich in der Bibel keine Katastrophenlehre.»[23] Verleiht uns aber die Tatsache,

23 Wayne U. Ault, Rezension von «The Genesis Flood» im «Journal of the American Affiliation», März 1964, S. 29.

daß wir Berufsgeologen sind, eine besondere Fähigkeit für die Auslegung der Bibel? Gibt uns das Studium der historischen Geologie auf den Universitäten immer auch das Rüstzeug in die Hand, das zum Verständnis des hebräischen und griechischen Textes der Heiligen Schrift notwendig ist? Muß der Gläubige alle von Gott und von der Zeit bestätigten Regeln der Hermeneutik und Exegese, die er sich durch ein jahrelanges Studium des Urtextes angeeignet hat, einfach beiseitelegen, wenn ein *Geologe* auftritt und dogmatisch vorschreiben will, was die Genesis sagen oder was sie nicht sagen kann? Natürlich kann ein Geologe annehmen oder ablehnen, was er will, darum geht es hier nicht. Wir vertreten aber den Standpunkt, daß der Geologe, auch wenn er die Annahme einer weltweiten Flut ablehnen sollte, nicht das Recht in Anspruch nehmen kann, als Autorität anerkannt zu werden, wenn er sagt, daß man in der Bibel keine Katastrophenlehre finden könne.

Derselbe Geologe fährt fort: «Es ist bedeutsam, daß die gläubigen Geologen *Die Sintflut* nicht gepriesen haben, wie dies andere Christen taten.»[24] Was soll das heißen? Daß etwa nur gläubige Geologen einen Maßstab haben, nach dem die biblische Wahrheit zu messen ist? Sollte jede größere Gemeinde und jede christliche Ausbildungsstätte einen Geologen anstellen, dem die wichtige Aufgabe gestellt wird, die zahlreichen Stellen in der Bibel zu erklären, die Aussagen machen über die Anfänge der Erde und des Menschen und die Zeit vor Abraham? Reichen das erleuchtende Wirken des Heiligen Geistes (1. Joh. 2,27), beharrliches Gebet (Ps. 119,18) und exegetische Fähigkeiten nicht aus, die man sich durch ein geduldiges Vergleichen verschiedener Bibelstellen erwirbt (Apg. 17,11; 1. Kor. 2,12-16; 2. Tim. 2,15)? Müssen alle Ausleger der Bibel noch eine zusätzliche Qualifikation aufweisen, nämlich die offizielle Zustimmung der Geologen zu allen Auslegungen, die die Zeit vor Abraham berühren?

Es scheint, daß nur wenige Geologen die Folgen dieser Entwicklung durchdacht haben. Wir müßten als erstes allen Christen eine «ergänzte Übersetzung» von vielen bekannten Worten unseres Herrn Jesus zugänglich machen, die dann wie folgt lauten würden:

24 Ault, S. 29.

Ihr irrt, weil ihr die Schriften nicht kennt, noch die Kraft Gottes, *noch den allgemeinen Konsensus im Blick auf die Erdgeschichte in der zweiten Hälfte des zwanzigsten Jahrhunderts* (Matth. 22,29 «ergänzt»).

O ihr Unverständigen und trägen Herzens, zu glauben an alles, was die Propheten *und Geologen des zwanzigsten Jahrhunderts* geredet haben (Luk. 24,25 «ergänzt»).

Wir behaupten *nicht,* daß ein gläubiger Geologe ein derartiges Jonglieren mit dem Text der Heiligen Schrift zulassen würde. Wir stellen auch den gewaltigen Beitrag der *geologischen Wissenschaft* nicht in Frage, die uns verschiedene Charakteristika der Erde und ihrer Naturprozesse in *dieser Phase* ihres Bestehens (von der Flut bis zur Wiederkunft Christi) verstehen gelehrt hat.[25] Aber wir halten an der Tatsache fest, daß viele gläubige Geologen es versäumten, diesen überaus wichtigen Unterschied zwischen der Geologie als *Wissenschaft* und der Geologie als pseudowissenschaftliche *Philosophie* festzuhalten.

Wenn wir eine solche Unterscheidung treffen wollen, benötigen wir natürlich Hilfe von außen, weil weder wir selbst noch unsere Kollegen dies tun können. Wir brauchen *unfehlbare Richtlinien, die Gott uns gibt,* so daß wir in der Lage sind, zwecklose und irrelevante Spekulationen und Vorstellungen zu vermeiden, die der Empirismus gerade als solcher nicht erkennen kann.[26] Und echte Christen sind davon überzeugt, daß sie *diese Richtlinien in der*

25 «Erstens erdreisten wir uns nicht, irgendeine der Tatsachen der geologischen Wissenschaft in Frage zu stellen. Wissenschaft kann sich notwendigerweise nur mit gegenwärtigen Prozessen befassen, die in der Gegenwart gemessen und berechnet werden können. Die wissenschaftliche Methode schließt per definitionem experimentelle Reproduzierbarkeit ein. Darum ist die Extrapolation gegenwärtiger Abläufe in die prähistorische Vergangenheit oder in die eschatologische Zukunft nicht wahre Wissenschaft. ... Zweitens stellen wir ausdrücklich die Uniformität der grundlegenden physikalischen Gesetze (z.B. der zwei thermodynamischen Hauptsätze) nicht in Frage, ... Diese Gesetze gelten in der Geologie und in der ganzen Wissenschaft als grundlegend und sind in der Bibel deutlich dargelegt. Dies ist das wahre Uniformitätsprinzip. Wir stellen nur die Annahme in Frage, daß die Geschwindigkeiten der geologischen und anderen Prozesse konstant sind, und wir tun dies auch im wesentlichen nur da, wo es von der biblischen Offenbarung gefordert wird.» Whitcomb und Morris, Zitat aus dem Vorwort von *Die Sintflut,* S. 25.26.

26 Davis A.Young hat Richard H.Bube («The Encounter Between Christianity and Science», Grand Rapids: Wm. B.Eerdmans Pub. Co., 1968) mit Recht we-

Heiligen Schrift haben! Die Protestanten sind schon immer für die Tatsache eingetreten, daß die Bibel in ihren Aussagen nicht nur *autoritativ,* sondern auch *klar verständlich* ist.[27] Wenn dies nicht der Fall wäre, müßten sich die Gläubigen der Diktatur verschiedener selbsternannter «Experten» unterwerfen, ohne deren Zustimmung sie Gott nicht wirklich bei seinem Wort nehmen könnten. Gewiß will kein Geologe, der ein konsequenter Christ ist, daß Gottes Wort als völlig irrelevant hingestellt wird. Wenn die Bibel sich jedoch nicht *selbst auslegen* darf, ist dies die notwendige Folge.

In den zwei oder drei Generationen nach Darwin waren es die «gläubigen Geologen» gewesen, die die Kirche und die Theologen überredeten, die Genesis der allgemeinen Evolutionstheorie anzupassen. Es ist jedoch offensichtlich, daß dies eine vorschnelle Kapitulation war, auch vom wissenschaftlichen Standpunkt aus betrachtet. Wir besitzen heute Veröffentlichungen von einer ganzen Anzahl hochqualifizierter Genetiker und Biologen, die den Neo-

gen seiner schwachen Schrifthaltung kritisiert. Young schreibt: «Wenn die Heilige Schrift im Blick auf eine bestimmte Tatsache unmißverständlich und eindeutig eine 'Hypothese' vertritt, dann sind alle anderen Hypothesen *irrelevant.* So ist zum Beispiel die Hypothese, Jesus habe einen menschlichen Vater gehabt, irrelevant. In ähnlicher Weise können wir (auch wenn dadurch einige evangelikale Freunde beleidigt werden) auch sagen, daß die Entwicklung des Menschen aus dem Tierreich eine irrelevante Hypothese ist. Der gläubige Geologe muß da für die 'Schöpfungshypothese' eintreten, wo die Bibel sie vertritt» (Westminster Theological Journal, Mai 1969, S. 223). Genau! Dies ist gerade der Grund, weshalb wir darauf bestehen, daß *jede Hypothese der historischen Geologie, die die hydrodynamische Bedeutung einer einjährigen, weltweiten Flut ignoriert, irrelevant* ist — die Bibel lehrt unzweideutig eine weltweite Flutkatastrophe am Beginn der Menschheitsgeschichte. Es ist schade, daß Dr. Young an dieser Stelle nicht die Inkonsequenz seiner Theorie einer lokalen Flut erkennt. Vgl. Davis A.Young, «Some Practical Geological Problems in the Application of the Mature Creation Doctrine», W.T.J. (Mai 1973. S. 268-280) und meine Antwort in der Herbstausgabe 1973 dieser Zeitschrift.

27 «Ein unverständliches Buch könnte die Funktionen, die die Heilige Schrift erfüllt, nicht erfüllen. Die Leugnung der Klarheit der Schrift ist eine Leugnung des *sola scriptura* selbst. ... Wenn eine Gemeinde oder ein Theologe (oder ein Geologe! — J.C.W.) es unternimmt, Wahrheit ohne Bezug auf die objektive Autorität des Wortes Gottes zu definieren, wird sie bzw. er auf dämonische Weise ichbezogen», Clark H.Pinnock, «Biblical Revelation» (Chicago: Moody Press, 1973), S. 99.

darwinismus völlig ablehnen.[28] Als sich der Gesichtskreis der Genetik, der Biochemie und der Paläontologie erweiterte, wurde es immer deutlicher, daß jene Theologen, die Gottes unfehlbares Wort dem «allgemeinen Konsens der in der Biologie vorherrschenden Meinung» im Blick auf die Anfänge des Menschen anpaßten, einen tragischen Fehler begingen und das Vertrauen vieler Menschen in die Autorität des Wortes Gottes schwächten. Erst die Ewigkeit wird das wahre Ausmaß dieser theologischen Katastrophe offenbaren. Dies sollte allen Gläubigen eine deutliche Mahnung sein, daß die theoretische Geologie um 1970 genausowenig unantastbar ist wie die theoretische Biologie um 1940 oder die theoretische Astronomie um 1920.

Ein holländischer Geologe schreibt gegen «Die Sintflut»

Wir sind der Archäologie Palästinas dankbar, daß sie uns den Hintergrund erhellte, vor dem wir unverständliche Stellen der Heiligen Schrift verstehen müssen. Wie sieht jedoch der «Hintergrund» aus, den einige christliche Geologen zum besseren Verständnis verschiedener Aussagen des Wortes Gottes «erhellen» wollen?

J.R. van de Fliert, seit 1960 Professor für historische und tektonische Geologie an der Freien Universität Amsterdam, wurde durch seine Ablehnung der biblischen Katastrophenlehre zugunsten des uniformitarianistischen Systems weithin bekannt. Als man ihn bat, eine endgültige Widerlegung des Buches von Whitcomb und Morris, *Die Sintflut,* zu schreiben, zögerte er zuerst, gab dann jedoch dem Druck von verschiedenen Seiten nach. Das Ergebnis war ein ziemlich langer Artikel mit der Überschrift «Fundamentalism and the Fundamentals of Geology». Einige

28 Vgl. zum Beispiel A.E.Wilder Smith, «Die Erschaffung des Lebens» (Neuhausen-Stgt., Hänssler-Verlag, 1972); und Duane T.Gish «Speculations and Experiments Related to Theories on the Origin of Life» (San Diego, Calif.: Institute for Creation Research, 2716 Madison Ave., San Diego 92116; 1972). Vgl. auch die Hinweise auf Seite 78, Fußnote 35

Wissenschaftler und Theologen meinten, damit wäre das Thema der «Flutgeologie» endgültig aus der Welt geschafft.[29] Dieser Artikel erschien zuerst in *The International Reformed Bulletin* (Frühjahr 1968) und wurde dann in *The Journal of the American Scientific Affiliation* (September 1969) und in *Faith and Thought* (Herbst 1970, Zeitschrift des Victoria Instituts) abgedruckt.

Dr. Roger J. Cuffey von der geologischen und geophysikalischen Fakultät an der Pennsylvania State University gab wahrscheinlich der mehrheitlichen Meinung der christlichen Geologen Ausdruck, die der American Scientific Affiliation angehören, wenn er schreibt:

> Der Gesamteindruck, den man bei der Lektüre dieses Artikels erhält, ist positiv — endlich kommt ein erfahrener Geologe vom Fach, der als evangelikaler Christ die Ergebnisse der modernen Geologie akzeptiert und ausführlich erklärt, warum die pseudowissenschaftlichen Flutgeologen im Unrecht sind (mit für die meisten Laien verständlichen Begriffen). Ich halte es für sehr wichtig, daß die Ansichten solcher Männer wie van de Fliert der christlichen Öffentlichkeit zugänglich gemacht werden, damit diese nicht so leicht von den falschen Auffassungen von Leuten (wie den Flutgeologen) in die Irre geleitet wird, die von der modernen Geologie keine Ahnung haben.[30]

Dr. Cuffey schließt, daß der Artikel van de Flierts «den Anti-Uniformitarianismus hinreichend widerlegt, den viele evangelikale Gelehrte vertreten. *Aus diesem Grund sehe ich keine Veranlassung, zu dieser falschen Auffassung von der Geologie noch weiterhin Stellung zu beziehen*».[31]

29 A. N.Triton (Rezension von «Die Sintflut» in «The Christian Graduate», Bd. 22, Nr. 4/1969, S. 28) fordert seine Leser auf, die «vernichtende Kritik des höchst orthodoxen reformierten Professors van de Fliert in 'The International Reformed Bulletin' zu beachten. Dr. Clarence Menninga vom Calvin College («His Word and His World», The Banner, 27. Nov. 1970, S. 15) freut sich, daß die Argumente, die Morris und Whitcomb aus dem Fossilbericht anführen, von «J.R. van de Fliert widerlegt» worden seien. Vgl. auch James Moore, «Charles Lyell and the Noachian Deluge», JASA, Sept. 1970, S. 114; und Richard Bube, «The Human Quest» (Waco, Texas: Word, Inc., 1971, S. 189).

30 Roger J. Cuffey, Kommentar zu «Fundamentalism and the Fundamentals of Geology», von J.R. van de Fliert, JASA, Sept. 1969, S. 71.

31 Roger J.Cuffey, Kritik zu «The Dying of the Giants», bei William A. Springstead, JASA, Sept. 1970, S. 96. Hervorhebung vom Autor.

Dr. William F.Tanner, auch ein christlicher Geologe, stimmte zu, daß der Artikel hervorragend sei, aber «man hätte sich noch viel deutlicher ausdrücken können, als van de Fliert es tat». Seine Haltung ist «wirklich gemäßigt, nicht extrem».[32]

Dr. Donald C.Boardman, Dekan der geologischen Fakultät am Wheaton College, rief aus:

> Es ist Zeit, daß die gläubigen Wissenschaftler sich zu Wort melden und ihre Meinung im Blick auf die «Flutgeologie» und Interpretationsmöglichkeiten der Heiligen Schrift in Rechnung gestellt wird! Van de Fliert hat völlig recht, wenn er sagt: «Wir versetzen dem christlichen Glauben den Todesstoß, wenn wir die Heilige Schrift auf eine wissenschaftliche Ebene herunterziehen. Dies ist da der Fall, wo wir die Lehre verkündigen, daß die Bibel uns eine Art wissenschaftliches Weltbild oder Axiome für die historische Geologie liefert...»[33]

Viele Christen glaubten aufgrund solcher Empfehlungen, in van de Flierts Artikel eine *endgültige Antwort* auf die wichtigen Fragen gefunden zu haben, die in der Kontroverse zwischen der Genesis und der Geologie heute aufgetaucht waren. Wenn jemand den Versuch unternimmt, den Bericht der Bibel mit der historischen Geologie in Übereinstimmung zu bringen, erwartet man eigentlich eine exegetische Beweisführung, zum Beispiel für die Auffassung, daß die «Tage» der Genesis in Wirklichkeit riesige Zeiträume waren, daß zwischen den beiden ersten Versen oder irgendwelchen anderen Versen von Gen. 1 eine große zeitliche Lücke bestände, und daß der Bericht der Bibel eine lokale, nicht etwa eine universale Flut voraussetzt. Finden wir nun in dem Artikel solche Lösungen (oder Lösungsversuche)? Nein! Professor van de Fliert «löst» den Konflikt endgültig durch die Auskunft, daß ein solcher Konflikt nie bestanden hat! Man kann Gen. 1-11 auslegen wie man will — die Aussagen der Bibel können von der Wissenschaft weder belegt noch widerlegt werden! Die Bibel ist nur ein religiöses Dokument, was Karl Barth, Emil Brunner, Rudolph Bultmann und andere neoorthodoxe und existentialistische Theologen schon

32 William F.Tanner, Kommentar zu «Fundamentalism and the Fundamentals of Geology», von J.R. van de Fliert, JASA, Sept., 1969, S. 73.

33 Tanner, S.75.

seit Jahren behauptet haben. Im «Lichte» dieser Entdeckung können nun also «gläubige Astronomen, Geologen und Biologen ... *beruhigt* arbeiten, solange sie sich der Grenzen ihrer eigenen Disziplin bewußt sind».[34]

So kann van de Fliert, nach Cuffeys Beschreibung ein «erfahrener Geologe vom Fach, der als evangelikaler Christ die Erkenntnisse der modernen Geologie akzeptiert», *die ersten Kapitel der Genesis auf eine sehr wirksame Art und Weise auflösen, ohne ein einziges exegetisches, kontextnahes oder theologisches Argument angeführt zu haben!* Der Artikel van de Flierts beginnt mit der erstaunlichen Erklärung:

> Jeder Versuch, die heutige historische Geologie und den Bericht der ersten Kapitel der Genesis zu harmonisieren, geht am Text der Genesis vorbei. ... Die Bibel gibt uns weder einen Umriß der historischen Geologie noch Berichte von wissenschaftlich nachprüfbaren Schöpfungsakten Gottes! ... Gläubige Christen ... verderben jedes wissenschaftliche Arbeiten, wenn sie von einer angeblich biblisch-elementaren historischen Geologie (die man in Wirklichkeit von der Lehre der Schrift ableitet) ausgehen, in die dann sämtliche geologischen Daten passen müssen![35]

Am Ende seines Artikels legt van de Fliert seine Hauptanliegen dar:

Ein fundamentalistischer oder biblizistischer Standpunkt ... setzt die Annahme voraus, daß uns die Bibel Prinzipien, Grundlagen oder Elemente der Humanwissenschaft im allgemeinen und der historisch-geologischen Wissenschaft im besonderen lehrt. Für den Fundamentalisten hängt also die Zuverlässigkeit der Bibel als Wort Gottes mit ihrer *wissenschaftlichen* Zuverlässigkeit zusammen. Dies gilt vor allem auch im Blick auf die ersten elf Kapitel der Genesis. Mit dieser Auffassung stellt man jedoch die Naturwissenschaft und das in den ersten Kapiteln der Bibel geoffenbarte Wort Gottes auf dieselbe (wissenschaftliche) Stufe. Von da aus müssen alle wissenschaftlich ermittelten Daten über die Erd- und Menschheitsgeschichte in den «biblischen Rahmen» passen.[36]

34 J. R.van de Fliert, «Fundamentalism and the Fundamentals of Geology», JASA, Sept., 1969, S. 80.

35 van de Fliert, «Fundamentalism», S. 69.

36 van de Fliert, «Fundamentalism», S. 80.

Wir wollen hier einhalten und uns diese bemerkenswerten Aussagen näher betrachten. Wenn die Haltung van de Flierts tatsächlich eine tragfähige Grundlage für das Verständnis der ersten elf Kapitel der Genesis sein soll, muß sie auch für andere historische Abschnitte der Bibel gelten. Was wäre die Folge, wenn gläubige *Archäologen* oder gläubige *Historiker* diese Haltung im Blick auf die biblische Geschichte annähmen? Um die Tragweite dieses theologischen Kurzschlusses besser abschätzen zu können, werden wir van de Flierts Worte nehmen und die Ausdrücke *historische Geologie* und *Genesis* durch die Bezeichnungen *Geschichte* und *Exodus* ersetzen.

Jeder Versuch, die heutige *Geschichte* und den Bericht der ersten Kapitel des Buches *Exodus* zu harmonisieren, geht am Text von *Exodus* vorbei. ... Die Bibel gibt uns weder einen Umriß der *Geschichte,* noch Berichte von *historisch* nachweisbaren Schöpfungsakten Gottes! ... Gläubige Christen machen jedes *historische* Arbeiten unmöglich, wenn sie von einer angeblich biblisch-elementaren *Geschichte* (die man in Wirklichkeit von der Lehre der Schrift ableitet) ausgehen, in die dann sämtliche *geschichtliche* Daten passen müssen! ... Mit dieser Auffassung stellt man jedoch die *Geschichte* und das in den ersten Kapiteln von *Exodus* geoffenbarte Wort Gottes auf dieselbe *geschichtliche* Stufe. Von da aus müssen alle *historisch* ermittelten Daten über die *Geschichte* Ägyptens und Israels in den biblischen Rahmen passen.

Wären die Zeitschriften, die van de Flierts Behandlung der ersten Kapitel der Genesis abdruckten, bereit, die oben ersetzten Worte im Blick auf die ersten Kapitel von Exodus zu veröffentlichen? Wahrscheinlich nicht, denn dann könnten sie nicht mehr als an der Bibel orientierte Publikationen gelten und würden folglich die Unterstützung durch die bibeltreuen Christen verlieren.

Aber wie wollen wir diese unterschiedliche Behandlung von Exodus und Genesis rechtfertigen? *Beide* Bücher werden von Jesus und den Aposteln als autoritative, historische Dokumente zitiert! *Beide* weisen die Kennzeichen sachlicher Geschichtsschreibung auf — viele Einzelheiten im Blick auf die Zeit, den Ort und die Personen! Walter C. Kaiser jr., Professor für Altes Testament an der Trinity Evangelical Divinity School, macht in seinem Aufsatz «Die literarische Form von Genesis 1-11» folgende Beobachtung:

In diesen Kapiteln finden wir 64 geographische Ausdrücke, 88 Personennamen, 48 Gattungsnamen und mindestens 21 identifizierbare kulturelle Gegenstände (wie Gold, Bedellion, Onyx, Kupfer, Eisen, Gopherholz, Asphalt, Mörtel, Ziegel, Steine, Harfe, Blasinstrumente, Städte, Türme). Die Bedeutung dieser Liste erkennt man erst, wenn man sie zum Beispiel mit den wenigen entsprechenden Hinweisen im Koran vergleicht. Das zehnte Kapitel der Genesis allein weist fünfmal mehr wichtige geographische Angaben auf als der ganze Koran. Jede einzelne dieser Angaben gibt uns die Möglichkeit, die Zuverlässigkeit des Schreibers zu überprüfen. Der Inhalt dieser Kapitel beschreibt unzweideutig die reale Welt, ist also keine Nacherzählung von Ereignissen, die einer anderen Welt oder einer anderen Wirklichkeitsstufe angehören.[37]

Unter Berufung auf Edward J. Youngs gründliche Untersuchung *Studies in Genesis One*[38] schließt Kaiser:

Die Entscheidung ist einfach: Gen. 1-11 ist keine Poesie, sondern Prosa. Der Gebrauch des Waw-Konsekutivums, der das Verb die Handlungen in ihrer Reihenfolge beschreiben läßt, der häufige Gebrauch des Zeichens für das direkte Objekt und des sogenannten Relativpronomens, die Betonung von Definitionen und die Darstellung dieser Ereignisse in einer bestimmten Reihenfolge weisen darauf hin, daß wir es hier mit *Prosa, nicht mit Poesie* zu tun haben. Der Schreiber verfolgt in diesen Kapiteln genau dasselbe Ziel wie in den Kapiteln 12-50, ganz gleich, was *wir* wollen. Als Beispiel für die Poesie des Schreibers mit ihrem hebräischen Parallelismus und ihren Wortpaaren mag Gen. 4,23.24 dienen.[39]

So haben wir also Gen. 1-11 als *eingehende, genaue, in Prosa geschriebene, autoritative Geschichte anzusehen!* Professor van de Fliert wurde zusammen mit einer ganzen Anzahl seiner Kollegen an der Freien Universität Amsterdam von barthianischen und existentialistischen Denkweisen so stark beeinflußt, daß ein großer Teil der biblischen Geschichte für sie seine wahre Bedeutung

37 Kapitel 4 in «New Perspectives on the Old Testament», hrsg. von J.Barton Payne (Waco, Texas: Word, Inc., 1970), S. 59.

38 E. J.Young, «Studies in Genesis One» (Nutley, N.J.: Presbyterian & Reformed Pub. Co., 1964), S. 105.

39 W.C. Kaiser, «The Literary Form of Genesis 1-11» , S. 59-60.

verloren hat.[40] Für diese Gelehrten gehören die Genesis und andere Teile des Wortes Gottes, die von übernatürlichen Ereignissen sprechen, nicht mehr in den Bereich der *Historie,* sondern werden als «übergeschichtlich» bezeichnet. Wenn man den «semantischen Schleier» entfernt, entdecken wir, daß «übergeschichtlich» ganz einfach *ungeschichtlich* bedeutet.[41] Merle Meeter schreibt:

> Van de Fliert versucht, die Heilige Schrift nach der Art der bultmannschen Neo-Orthodoxie und des Neubarthianismus seiner Landsleute T.Baarda, H.M. Kuitert und J.L. Koole herabzuwürdigen, die die Vertrauenswürdigkeit der biblischen Schreiber in Zweifel zieht, indem man ihre relative Unkenntnis (die, so behauptet man, historisch bedingt sei) an ihrem *Sitz im Leben* darstellt und daher unweigerlich Fehler erkennen muß: «Es läßt sich nicht leugnen (van de Fliert spricht ex cathedra) und sollte auch nicht geleugnet werden, daß unser wissenschaftliches Weltbild als Folge dieser Entwicklung im Blick auf Raum und Zeit riesige Dimensionen angenommen hat und sich von dem der biblischen Schreiber völlig unterscheidet.»[42]

Mit einer niederschmetternden Logik und meisterhaft gewählten Worten schließt Meeter:

> Eine solche Erklärung ist nicht nur parochial-intellektueller Snobismus, sondern offenbart zugleich auch eine humanistisch geprägte, anmaßende Haltung gegenüber den vom Heiligen Geist geleiteten Schreibern der Heiligen Schrift (und gegenüber dem, was sie geschrieben haben), die zu einer folgerichtigen Leugnung der Zuverlässigkeit der Bibel führt. Deshalb ist eine solche Behauptung auch eine unbewußte Entwürdigung des einen wahren und heiligen Gottes, der sich in seinem Wort mit seiner ganzen Autorität an die Menschheit wendet —

40 Eine Dokumentation des Trends in Richtung auf die Neoorthodoxie in dieser ehemaligen «Festung» der reformierten Orthodoxie in Holland findet man in Geoffrey Thomas, «Contending for the Faith in the Netherlands», Torch and Trumpet, Okt. 1968, S. 19-23, mit einer Bibliographie; und Renze O.DeGroot, «Synod Faces 'New Theology' of Amsterdam», Torch and Trumpet, Mai 1971, S. 18-19. Diese Zeitschrift erscheint jetzt unter dem Namen The Outlook (4855 Starr St., S.E., Grand Rapids, Mich. 49506).

41 Vgl. Carl F.H.Henry, «Frontiers in Modern Theology» (Chicago: Moody Press, 1964) S. 41-64; und Clark H. Pinnock, «Biblical Revelation» (Chicago: Moody Press, 1971), S. 217-27.

42 Merle Meeter, «Geology in the Dark or in Bible Light?», International Reformed Bulletin, Nr. 38 (Juli 1969), S. 28.

wenn die Bibel zu einer bestimmten Sache Stellung nimmt, dann tut sie dies ohne den geringsten Irrtum. *Unsere Deutungen sind falsch,* da wir unbiblische Vorurteile haben und uns den Normen des Naturalismus in seinen verschiedenen quasi-wissenschaftlichen Masken anpassen und schließlich völlig vor ihm kapitulieren.[43]

Professor van de Fliert versichert uns jedoch, daß der Genesis keinerlei Gefahr drohe: «Die Zuverlässigkeit des Wortes Gottes, der in dieser Welt durch seine Propheten und Apostel zu uns redete, *liegt jenseits wissenschaftlicher Kontrolle, da die Bibel kein wissenschaftliches Werk ist. Die Ergebnisse der Wissenschaft können sie als solche nicht angreifen.*»[44] Wenn die Bibel jedoch jenseits wissenschaftlicher Kontrolle liegt und von den Ergebnissen der naturwissenschaftlichen (oder historischen) Forschung nicht angegriffen werden kann, sind ihre Gedanken genauso kindisch und fade wie die Abenteuer der alten babylonischen Götter oder die hinduistische Theologie. Die Lehren der Bibel von der Schöpfung und dem Sündenfall fallen dann unter die bekannte Definition von «schlechten Theorien», die Karl Popper aufstellte:

> Eine Theorie, die durch kein Ereignis, das man sich vorstellen könnte, widerlegt werden kann, ist unwissenschaftlich. Die Unwiderlegbarkeit einer Theorie ist kein Erfolg (wie viele meinen), sondern eine Schwäche. Jede «gute» wissenschaftliche Theorie ist ein Verbot; sie verbietet, daß bestimmte Dinge geschehen. Je mehr eine Theorie verbietet, desto besser ist sie. Bestätigungen sollten nur dann zugelassen werden, wenn sie das Ergebnis *gewagter Voraussagen* sind, das heißt, wenn wir ein Ereignis erwarten sollten (ohne von der fraglichen Theorie darauf gebracht worden zu sein), das mit der Theorie nicht vereinbar ist — ein Ereignis, das die Theorie widerlegen würde.[45]

Dies ist der gewaltige Fehler der Neo-Orthodoxie und des theologischen Existentialismus. Die Existentialtheologie versuchte, das Wort Gottes vor jeder Verunreinigung zu «bewahren», indem sie es in den Bereich der *Heilsgeschichte* «emporhob» — einen Be-

43 Meeter, «Geology», S. 29.

44 van de Fliert, «Fundamentalism», S. 80.

45 Zusammenfassung aus Karl R.Popper, «Conjectures and Refutations» (London: Routledge and Kegan, Paul, 1963) von Norman Macbeth, «Darwin Retried», S. 99.

reich der «Ewigkeit», wo kein Historiker, Archäologe oder Naturwissenschaftler ihre Aussagen je nachprüfen kann. Der einzige Erfolg war, daß das Wort Gottes völlig *irrelevant, unverstehbar* und somit *bedeutungslos* wurde.[46]

Brauchen die Christen wirklich diese Hilfe von Professor van de Fliert, um die Genesis besser verstehen zu können? Zeigt dies nicht allzu deutlich, daß ein langes und intensives Studium der geologischen Phänomene und Theorien uns noch nicht zu einem theologischen «Arbeiter» macht, «der sich nicht zu schämen hat, der das Wort der Wahrheit in gerader Richtung schneidet» (2. Tim. 2,15)? Und zeigt dies nicht ein für allemal, daß man die Lehre von der Universalität der Flut nur dann konsequent bestreitet, wenn man der Genesis überhaupt jede den Tatsachen entsprechende Berichterstattung abspricht?

Van de Fliert hält den Fundamentalismus für einen unreifen Glauben, der die Heilige Schrift eng an die Wissenschaft anschließen müsse und sich so einer «kolossalen Überbewertung der Wissenschaft»[47] schuldig mache. Es ist äußerst seltsam, solche Worte aus dem Munde eines Wissenschaftlers zu hören, der die Wissenschaft so hoch einschätzt, daß er sie als «indirektes exegetisches Hilfsmittel» wertet, das «die Zuverlässigkeit unserer Gedanken und Vorstellungen über die Bibel, die Inspiration und die Historizität der ersten Kapitel der Genesis testen»[48] soll! «Die Ergebnisse der wissenschaftlichen und technischen Fortschritte des Menschen in den letzten Jahrhunderten» sind eine Art «*Offenbarung*», die

46 Auch wenn der christliche Glaube nicht von empirischen Daten *erzeugt* wird, sind doch historische Ereignisse, die buchstäblich nach einer objektiven Nachforschung rufen (vgl. Apg. 1,3; 26,26; 1. Kor. 15,5-8), *charakteristisch* für ihn. Im Gegensatz dazu ist der Evolutionismus, auch der Uniformitarianismus, im Grunde genommen keine wissenschaftliche Theorie, weil sich seine Vertreter keinen echten Test vorstellen können, der ihre Weltanschauung als falsch widerlegen würde! Glücklicherweise erkennt man heute diesen Sachverhalt in weiten Kreisen an. Von den Wissenschaftlern kann man von Bertalanffy (1952, S. 89), Birch und Ehrlich (1967), Murray Eden, Ernst Mayr, Alex Fraser und Marcel Schutzenberger (in Moorhead and Kaplan, hrsg. 1967) nennen, von den Philosophen Sir Karl Popper (1963), A.R. Manser (1965) und A.D. Barker (1968). Arthur Jones, «The Dogma of Evolution», in Faith and Thought Bd. 98, Nr. 2 & 3 (1970), S. 32.

47 van de Fliert, «Fundamentalism», S. 80, angegriffen von R.E.D. Clark, «A Double Standard?» in Faith and Thought (Bd. 98, Nr. 1, Herbst 1970), S. 43ff.

48 van de Fliert, «Fundamentalism», S. 80.

uns ein «wissenschaftliches Weltbild» vermittelt hat, das sich von dem Weltbild der biblischen Schreiber «vollständig unterscheidet».[49] *Somit stellt die Wissenschaft für den modernen Menschen eine neue Offenbarung dar und gibt ihm das entscheidende exegetische Hilfsmittel in die Hand, das über die Zuverlässigkeit der Heiligen Schrift entscheidet!* Ein bekannter Theologe schreibt in diesem Zusammenhang:

> Wenn J. R.van de Fliert als Geologe mit seinen menschlichen, beschränkten Mitteln arbeitet und die Schlußfolgerungen der Geologen im Blick auf das Erdalter, die Entstehung der Erde und die Möglichkeit einer weltweiten Flut in Erwägung zieht, *dann schließt sich die Bibel an die Wissenschaft an!!* Die Bibel muß das aussagen, was jener menschliche Versuch, Naturwissenschaft genannt, zuwege gebracht hat. ... *Das Endergebnis ist, daß die Naturwissenschaft das entscheidende, autoritative Gewicht bekommt.*[50]

Das Vertrauen Professor van de Flierts in die Wissenschaft (vor allem die Geologie) als einzige maßgebliche Richtschnur für die Beschäftigung mit der Genesis ist so groß, daß er um dieses erste Buch des Wortes Gottes Schilder aufgestellt hat, auf denen zu lesen ist: «Theologe, verschwinde!»

Nun betreten Theologen das Kampffeld, Professor Whitcomb zum Beispiel oder Professor Aalders vor einigen Jahrzehnten in Holland, und viele andere seit dem Ausgang des Mittelalters. Aber diese «wissenschaftlichen» Schlachten für ein unfehlbares Wort Gottes waren schon von Anfang an zum Scheitern verurteilt. Die Theologen mußten sich ständig zurückziehen und alle Stellungen aufgeben, die sie zuvor noch verteidigt hatten. Die Geschichte des Kampfes zwischen Wissenschaft und Theologie sollte dies ein für allemal gezeigt haben.[51]

49 van de Fliert, «Fundamentalism», S. 80.

50 George Van Groningen (früher Prof. für Altes Testament, Reformed Theological College, Geelong, Victoria; heute Prof. für Bibelwissenschaft, Dordt College, Sioux Center, Ia.), «Interpretation of Genesis», Journal of the Evangelical Theological Society, Bd. 13, Nr. 4 (Herbst 1970), S. 210. H.Harold Hartzler, Executive Secretary der American Scientific Affiliation, bemerkt kühn: «Mir scheint, daß J.R. van de Fliert dieselbe Haltung wie so viele andere Autoren hat, für die die Wissenschaft ein Gott und die Bibel ein zweitrangiges Buch ist.» Brief an den Herausgeber, JASA, März 1970, S. 30.

51 van de Fliert, «Fundamentalism», S. 80.

Ist der holländische Geologe wirklich ernsthaft dieser Meinung? Glaubt er tatsächlich, daß die Theologen kein Recht hätten, die Historizität von in der Bibel berichteten übernatürlichen Ereignissen zu verteidigen? Wenn ja, dann hat er sich offensichtlich jenen Existentialisten angeschlossen, die an die «Auferstehung Jesu von den Toten» glauben, gleichzeitig jedoch leugnen, daß das Grab leer war!

«Wenn aber gepredigt wird, daß Christus aus den Toten auferweckt sei, wie sagen einige unter euch, daß es keine Auferstehung der Toten gibt, so ist auch Christus nicht auferweckt; wenn aber Christus nicht auferweckt ist, so ist also auch unsere Predigt inhaltslos, inhaltslos aber auch euer Glaube» (1. Kor. 15,12-14).

Dies ist vielleicht eine weitverbreitete Ansicht unter den Existentialisten; wir müssen jedoch erkennen, daß sie eindeutig antichristlich ist, da die Leugnung der physischen Auferstehung Jesu als ein historisches Ereignis einer vollständigen Leugnung des Christentums gleichkommt (vgl. Röm. 10,9-10; 1,4).

Wenn Professor van de Fliert beteuern sollte, daß er dem Zeugnis der vier Evangelien vom leeren Grab doch glaube, muß man wirklich über seine hermeneutische «Schaltkunst» staunen, die es ihm ermöglicht, die übernatürlichen Ereignisse der Genesis trotzdem in Abrede zu stellen, die genau dieselben vier Evangelien wiederholt bestätigen!

Christen haben längst erkannt, daß die Bibel kein «wissenschaftliches Lehrbuch» im pedantischen Sinn eines Kompendiums detaillierter Beschreibungen von allen möglichen Dingen und Ereignissen ist. Von einem anderen Standpunkt aus betrachtet ist die Bibel jedoch ohne Frage ein wissenschaftliches Lehrbuch. Sie ist ein absolut autoritatives und unfehlbares Lehrbuch über *die Philosophie der Wissenschaft*.[52] Sie bietet dem Menschen den not-

52 Edward J. Young schreibt: «Auch wenn die Genesis nicht vorgibt, ein Lehrbuch der Wissenschaft zu sein, ist sie trotzdem genau, wenn sie wissenschaftliche Fragestellungen berührt. Die Wissenschaft hat bis jetzt noch keine Fakten auf den Tisch gelegt, die den Aussagen von Gen. 1 widersprechen. ... Diese genauen Aussagen können keinen Augenblick als im Widerspruch zur wahren Naturwissenschaft stehend gelten.» «An Introduction to the Old Testament»; Grand Rapids: Wm. B. Eerdmans Pub. Co., 1949, S. 54). Vgl. auch Henry M. Morris, «The Bible ist a Textbook of Science», Kapitel XI in «Studies in the Bible and Science» (Nutley, N.J.: Presbyterian and Reformed Pub. Co., 1966).

wendigen Bezugsrahmen, ohne den eine echte Wissenschaft letztlich unmöglich wäre. Darüber hinaus gibt uns die Bibel auch einen genauen, objektiven Bericht von Ereignissen, die vom Standpunkt unserer ganzen Weltanschauung aus betrachtet, gewaltige Folgen für die Wissenschaft haben.

Stalaktiten und Stalagmiten unter der Lincoln-Gedenkstätte

Von der Sockeldecke unter der Lincoln-Gedenkstätte in Washington, D.C., wächst ein «Vorhang» von Stalaktiten. Einige dieser Stalaktiten, die aus einer Ablagerung von Kalziumkarbonat (CaCO3) bestehen, sind bis zu 1,5 Meter lang.

Ein Stalagmit und sein Stalaktit wachsen unter der Lincoln-Gedenkstätte aufeinander zu. Sie werden sich schließlich treffen und zwischen Decke und Boden eine mineralische Verbindung bilden.

In vielen anderen Höhlen ist die Wachstumsrate der Tropfsteinformationen heute beträchtlich geringer, aber auch in diesen Fällen kann man nicht einfach annehmen, eine äußerst langsame Wachstumsgeschwindigkeit sei typisch oder verallgemeinbar. Die sehr hohen Altersangaben, mit denen man im allgemeinen solche Höhlenformationen in Verbindung bringt, lassen die extrem starke Veränderlichkeit folgender Faktoren außer acht:

(1) Tropfgeschwindigkeit; (2) Konzentration der Salzlösungen; (3) Art der Salzlösungen und ihre Löslichkeit; (4) Verdunstungsrate des Wassers; (5) Verdunstungsrate des Kohlendioxyds; (6) Grad der Verdunstung (partiell oder vollständig). Es wäre unvernünftig, wenn man *annehmen* würde, daß sämtliche Faktoren, die für die Wachstumsraten eine Rolle spielen, in allen Fällen dieselben wären. (Der Autor möchte an dieser Stelle Professor George Mulfinger und Ray Gsell danken, die ihm bei der Beurteilung dieser Tropfsteinformationen behilflich waren).

Henry M. Morris antwortet J. R. van de Fliert

Henry M.Morris antwortete auf van de Flierts Kritik mit einem Brief an den Herausgeber der Zeitschrift *JASA:*[53]

Ich bedanke mich ganz herzlich für die Aufmerksamkeit, die Professor van de Fliert unserem Buch gewidmet hat, da die Mehrzahl der Fachgeologen es einfach ignorierten. Ich bedauere, daß er bei seiner Diskussion zu einer emotionalen Sprache Zuflucht nehmen mußte («unglaublich», «völliger Unsinn», «äußerst gefährlich», «angeblicher wissenschaftlicher Wert», etc.). Die Tatsache, daß die Verfechter des evolutionistischen Uniformitarianismus fast ausnahmslos emotional reagieren, wenn ein Wissenschaftler dieses System in Frage stellt, beweist, daß es eher eine Religion als eine Wissenschaft ist.

Mit dem größten Teil des Aufsatzes von Professor van de Fliert stimmen wir völlig überein und sind erstaunt, daß eine Polemik gegen *«Die Sintflut»* so viel enthält, was mit den dort vertretenen Auffassungen übereinstimmt. An vielen Stellen scheint er gegen einen Strohmann zu kämpfen, den er sich selbst zusammengebastelt hat — wie jene Evolutionisten, die ständig die angeblich von den Schöpfungsgläubigen vertretene Stabilität der Arten angreifen.

Wir haben immer die Uniformität der Naturgesetze als grundlegendes wissenschaftliches Prinzip betont. Wir erkennen auch die zahllosen Beweise für umfangreiche Erdbewegungen in der Vergangenheit an, Verwerfungen, Faltungen und andere bemerkenswerte tektonische Merkmale eingeschlossen, die wir in der Gegenwart nicht beobachten können. Als Hydrologe und Wasserbauingenieur weiß ich, daß dieselben grundsätzlichen Prinzipien der Hydraulik, wie wir sie heute kennen, auch damals wirksam waren, als jene Landgebiete und Flüsse abgetragen und die Sedimente abgelagert wurden. Außerdem erkennen wir auch den Wert der üblichen geologischen Pyramide als taxonomisches Mittel an, auch die Tatsache, daß die Schichten normalerweise in der anerkannten Reihenfolge vorkommen und die paläontologischen Kriterien für die Identifizierung im allgemeinen ihre Gültigkeit haben.

Das Thema unseres Werkes (das Professor van de Fliert nicht erfaßt hat) sind die vielen Ausnahmen hinsichtlich der normalen Reihenfolge, die *keine* der angenommenen physikalischen Kriterien (Überschiebung, Nachbearbeitung, etc.) aufweisen. Weiter wiesen wir auf die vielen geologischen Merkmale hin, die (nach konsequenten uniformi-

53 Henry M. Morris, Brief an den Herausgeber, JASA, März 1970, S. 36-37.

tarianistischen Grundsätzen) unmöglich den geologischen Phänomenen entsprechen können, die von den Geologen heute tatsächlich beobachtet werden, sei dies quantitativ oder qualitativ (z.B. regionales vulkanisches Gelände, Kontinentalvergletscherung, Gebirgsbildung, Rumpfebenen, fossile «Friedhöfe», eingeschnittene Mäander, regionale Alluviation, submarine Canyons, und viele andere). Viele sind der Ansicht, daß solche Vorkommnisse unbedingt irgendeine Katastrophenlehre erfordern, die trotzdem den Rahmen uniformer Naturgesetze nicht sprengen würde.

In den zehn Jahren, die seit der ersten Auflage von *Die Sintflut* verstrichen sind, hat sich die Haltung der orthodoxen Geologen gegenüber dem ursprünglichen Uniformitarianismus beträchtlich geändert — man erkennt in zunehmendem Maße, wie grundlegend wichtig lokale oder regionale Katastrophen für die geologische Interpretation sind. Ich wies auf diesen Trend in zwei Aufsätzen bereits hin.[54] Der Widerstand gegen die Vorstellung einer weltweiten Flutkatastrophe ist natürlich noch immer gleich groß.

Wir wollten in unserem Werk erkunden, wie die tatsächlich beobachteten Daten der Geologie und anderer Wissenschaftszweige mit dem biblischen Bericht von der Sintflut in Übereinstimmung gebracht werden könnten. Wir wiesen in dem Buch wiederholt darauf hin, daß die von uns vorgeschlagenen geologischen Interpretationen vorläufig seien und nach weiteren Untersuchungen und Auswertungen unter Umständen revidiert werden müßten. An einem Punkt hielten wir allerdings fest — die grundlegende Voraussetzung der Unfehlbarkeit und Klarheit des Berichtes der Genesis muß garantiert sein. Wenn dies nicht geschieht, ist das System, das bleibt, vielleicht durchaus theistisch, kann aber weder biblisch noch wirklich christlich sein.

Nicht nur van de Fliert, sondern auch alle anderen Kritiker von *Die Sintflut* waren eifrig darauf bedacht, diese grundsätzliche Forderung zu ignorieren. Die Kritiker beschäftigen sich ständig mit bestimmten «Fehlern» unserer geologischen Sicht (z.B. unser angeblich falsches Verständnis des Begriffes Uniformitarianismus, unsere angebliche Unkorrektheit in der Verwendung von Zitaten, die von Autoren stammten, die damit nicht einverstanden sind, und unsere angebliche Unkenntnis der Tatsache, daß es tatsächlich Beispiele für Überschiebungen, Nachbearbeitung von Sedimenten, Faunavermischung und andere Phänomene gäbe, deren *universale* Anwendbarkeit von uns bestritten würde, etc.), weichen jedoch immer der viel wichtigeren und grundsätzlicheren Tatsache aus, *daß das geschriebene Wort Gottes unzweideutig von einer weltweiten Flutkatastrophe in den Tagen Noahs spricht!*

54 Vgl. M. Morris, «Science Versus Scientism in Historical Geology», Quarterly of the C.R.S., Bd. 2, Okt. 1965; und «Sedimentation and the Fossil Record: A Study in Hydraulic Engineering», Quarterly of the C.R.S., Bd. 2, Dez. 1967.

Von ungläubigen Geologen, für die der Bericht der Bibel sowieso irrelevant ist, war diese Reaktion zu erwarten. Wenn aber auch evangelikale Wissenschaftler, die vorgeben, an die göttliche Autorität der Bibel zu glauben, die deutlichen Hinweise in der Bibel auf eine weltweite Flutkatastrophe außer acht lassen, dann ist dies verwunderlich und entmutigend. Eine Untersuchung der Rezensionen und Kritiken, die im Blick auf *Die Sintflut* seit der ersten Auflage des Buches erschienen sind, bestätigt die Richtigkeit dieser Aussage.[55]

Professor van de Fliert räumt ausdrücklich ein, daß sich unser wissenschaftliches Weltbild heute von dem der biblischen Schreiber unterscheidet.[56] Es ist für ihn aus diesem Grund belanglos, ob der Schreiber der Genesis (oder Hiob, David, Jesaja, Paulus, Petrus oder Jesus Christus selbst) an eine universale Flut glaubte. Er meint, diese Frage könne einfach dadurch aus der Welt geschafft werden, daß man sagt: «Die Bibel ist kein wissenschaftliches Buch.» Er glaubt sogar (und man ist fast unangenehm überrascht, eine solche Umschreibung aus dem Mund eines ernsthaften Wissenschaftlers und Christen zu hören), daß die Anwendung der Lehre von der Unfehlbarkeit der Schrift auf historische Angaben eine «kolossale Überbewertung der Wissenschaft» sei.

Atheistische Wissenschaftler und Philosophen argumentieren viel direkter: Wenn die Bibel in den Fragen menschlicher Beobachtung und Erfahrung (Wissenschaft und Geschichte) unzuverlässig ist, dann ist sie es bestimmt nicht wert, daß wir ihr folgen, wenn sie so immaterielle Dinge wie Sünde und Erlösung, Himmel und Hölle — und Gott — zu behandeln versucht!

Aus Platzgründen ist es hier nicht möglich, Professor van de Flierts Kritik zu widerlegen, die sich gegen unsere Diskussion der hydrodynamischen Sortierung wendet, die wir als Teilerklärung für die lithologische und paläontologische Trennung der sedimentären Schichten betrachten; er kritisiert auch unsere Diskussion der äußerst ungewissen Wachstumsraten und die sich daraus ergebende Entwicklungsgeschichte von alten Korallenriffen oder anderer geologischer Probleme. Ich kann nur sagen, daß van de Fliert diese Fragen in keiner Weise zufriedenstellend beantwortet hat.

Dies ist jedoch nicht der wichtigste Punkt. Ich weise hier noch einmal darauf hin, daß wir uns der Tatsache sehr wohl bewußt sind, daß es in der Geologie unzählige Probleme gibt, für die wir im Sinne des biblischen Rahmens noch keine vollständigen Antworten haben, auch

55 Charles C. Clough, «A Calm Appraisal of The Genesis Flood» (unveröffentlichte Doktorarbeit, Dallas Theological Seminary, 1968). Eine Zusammenfassung dieser Studie findet sich in Creation Research Quarterly im September, 1969, S. 81-84.

56 van de Fliert, «Fundamentalism», S. 80.

wenn wir ungefähr wissen, wie viele dieser Daten uminterpretiert werden können, damit sie diesem Rahmen entsprechen. Auf der anderen Seite steht der dogmatische Evolutionist und Uniformitarianist Problemen gegenüber, die noch größer sind.

Der springende Punkt ist jedoch immer, was die Bibel dazu sagt. In *Die Sintflut* und in unseren anderen Veröffentlichungen haben Dr. Whitcomb und ich darauf hingewiesen, daß die Bibel eine nicht sehr lange Zeit zurückliegende Schöpfung aller Dinge des Universums und eine weltweite Flut lehrt, und daß es keine zulässige Auslegung der Bibel gibt, welche die Evolution und die geologischen Zeitalter unterbringen kann. Diese Feststellung wurde durch eine ganze Anzahl direkter biblischer Argumente gestützt — *bis heute ist noch niemand auf diese Argumente eingegangen.* Wie können wir zum Beispiel die beiden folgenden Konzepte in Einklang bringen — auf der einen Seite eine ganze Milliarde von Jahren, die von zufälligen Veränderungen, Kampf ums Dasein, natürlicher Auslese, evolutionistischen Sackgassen und zahllosem Aussterben von Tieren und Pflanzen, Krankheit, Verwirrung, Unordnung, Untergang, Mord und Tod gekennzeichnet sind, auf der anderen Seite ein Gott der vollkommenen Weisheit, Ordnung, Macht und Gnade, der das Universum schon am Anfang leicht hätte vollständig und perfekt erschaffen können (wie ER es uns in seinem Wort auch offenbart hat), der jedoch nach der Ansicht des konsequenten Evolutionisten und Uniformitarianisten den gewundenen Pfad der Evolution wählte? Dies ist ein ernstes theologisches Problem, das man wirklich nicht mit einer geistreichen Bemerkung oder Gemeinplätzen erledigen kann.

Mir scheint, daß es jeder evangelikale Wissenschaftler und Theologe der Christenheit schuldig ist, sich für eine der beiden folgenden Möglichkeiten zu entscheiden: (1) Ausarbeitung einer gründlichen Exegese der grundlegenden Kapitel der Bibel (Gen. 1-11), die mit dem übrigen Zeugnis der Heiligen Schrift übereinstimmt, und die seine Annahme der geologischen Zeitalter und der allgemeinen evolutionistischen Weltanschauung deutlich rechtfertigt; (2) Entwicklung einer neuen Interpretation der beobachteten Fakten in der Geologie und den anderen Wissenschaftszweigen, so daß sie mit den Aussagen der biblischen Offenbarung im Blick auf die Urgeschichte der Erde, die sich auf Schöpfung, Sündenfall und Flut konzentriert, übereinstimmen.

Wenn wir weiterhin den Überbau verschönern, während das Fundament schon in Trümmern liegt, bringen wir uns und andere nur in Verwirrung und Gefahr.[57]

57 Henry M.Morris, Brief an den Herausgeber, JASA, März 1970, S. 36-37.

Versteinerte Baumstämme

«Dort liegen Tausende von fossilen Baumstämmen begraben, die zum Teil in Stücke zerbrochen, zum Teil vollständig und unversehrt sind ... Der Durchmesser der Baumstämme beträgt im Durchschnitt 1 bis 1,2 Meter, die Länge 18 bis 24 Meter. Man fand Baumstämme, die einen Durchmesser von 2 Metern und eine Länge von 38 Metern aufwiesen. Keiner dieser Baumstämme steht so da, wie er gewachsen ist — die Zweige sind abgerissen, und *die Stämme liegen zerstreut herum, als ob sie von fließendem Wasser überflutet wurden, bis sie schließlich strandeten und dort begraben wurden, wo man sie heute findet.* Die Wälder, in denen diese Bäume standen, waren vielleicht Hunderte von Kilometern entfernt. Die Zellstruktur und die Fasern waren fast vollständig erhalten, da die Siliziummoleküle ersetzt worden waren ...» (Raymond C. Moore, «Introduction to Historical Geology», 2. Aufl.; New York: McGraw-Hill, 1958, S. 401-02. Hervorhebung vom Autor).

Versteinerte Baumstämme sind für viele Wissenschaftler ein Rätsel. Verschiedene Hinweise lassen ziemlich eindeutig auf katastrophische Bedingungen schließen, die anläßlich der Flut vorherrschten und diese unzähligen Baumstämme beförderten und in riesigen Haufen ablegten. Es scheint, daß die Rinde vieler dieser Bäume noch intakt ist; dies läßt darauf schließen, daß sie sehr schnell «begraben» worden sein mußten, ehe die Vermoderung einsetzte. Das Zellgewebe ist als Achat sehr gut erhalten. Die Blätter waren von den Stämmen abgerissen worden. *Dies war keine lokale Überschwemmung,* denn solche fossilen Bäume aus der Triasformation sind im ganzen Südwesten der Vereinigten Staaten weit verbreitet. Kein Geologe behauptet, daß der «Wald» *in situ* wäre, und es ist überdies offensichtlich, daß sich solche versteinerten Baumstämme heute nicht an jedem beliebigen Platz der Erde formieren. (Der Autor will in diesem Zusammenhang Stuart Nevins, einem Geologiestudenten, seinen Dank für die Hilfe aussprechen, die er in der Analyse der versteinerten Baumstämme und ihrer Bedeutung geleistet hat.)

Schnelle Entstehung von Erdölablagerungen

Die Uniformitarianisten müssen annehmen, daß das Erdöl vor mehr als 25 Millionen Jahren allmählich entstanden ist. Aber der hohe Druck, der in den tiefen Erdölquellen rund um die Erde anzutreffen ist, macht diese Annahme unmöglich. «Ein derart hoher Druck erfordert eine plötzliche Begrabung des Materials tief unter der Erdoberfläche. In Anbetracht der beobachteten Permeabilitäten (das Vermögen, Flüssigkeiten durchsickern zu lassen) der Formationen von Erdölsammelbecken und -fallen ist es offenbar unmöglich, solche Druckverhältnisse 10000 bis 100000 Jahre lang aufrechtzuerhalten» (Melvin Cook, «Prehistory and Earth Models», S. 341).

«Es ist heute eine experimentell bewiesene Tatsache, daß zellulosehaltiges (von Pflanzen stammendes) Material wie zum Beispiel Abfälle oder Dung innerhalb von 20 Minuten in Petroleum guter Qualität umgewandelt werden kann. ... In «Chemical and Engineering News», 29. Mai 1972, S. 14 werden die Experimente von Wissenschaftlern vom Bureau of Mines beschrieben, bei denen Kuhmist in Petroleum umgewandelt wurde. In diesem Prozeß könnten auch andere zellulosehaltige Materialien wie Holz oder Baumrinde verwertet werden. ... Der Dung wurde 20 Minuten lang mit 380° C bei einem Druck von 140 bis 350 kg pro cm^2 in einem Gemisch von Kohlenmonoxyd und Dampf erhitzt. *Das Resultat war ein schweres Öl mit hervorragenden Wärmeeigenschaften.* Die Ausbeute betrug ungefähr 580 Liter Öl für eine Tonne Dung. ... In Meeresorganismen finden sich Protoplasma und Chlorophyll. Diese Bestandteile zersetzen sich sehr leicht, *so daß es nicht schwierig sein dürfte, die Reaktion auch bei relativ niedrigen Temperaturen in Gang zu bringen, um diese Organismen in Gas und Öl umzuwandeln.* Die durch den Druck erzeugte Hitze, die in der Tiefe zunehmende Temperatur und die durch die Krustenverschiebung verursachte Reibungswärme, die während der Flut durch die riesigen umstürzenden Erdbewegungen hervorgerufen wurde, ließen die Temperatur so weit ansteigen, daß diese exotherme Reaktion (eine chemische Reaktion, bei der Wärme abgegeben wird) möglich wurde.» (Duane T. Gish, «Petroleum in Minutes, Coal in Hours», Acts and Facts, Bd. 1, Nr. 4)

«Rede zu der Erde, und sie wird's dich lehren»[58]

Wir wollen uns nun mit der Frage beschäftigen, inwieweit die Bibel uns ein *System der historischen Geologie* liefert, einen von Gott gegebenen Bezugsrahmen, ohne den die geologische Wissenschaft niemals ihr legitimes Ziel erreichen kann — die Erklärung *aller* Kräfte, die unseren Planeten Erde beeinflußt haben und noch beeinflussen werden. Gibt uns eine objektive Analyse der biblischen Geschichte irgendwelche konkreten Beispiele für geologische Phänomene in die Hand, die nur durch eine rein übernatürliche Ursache erklärt werden können? Wir beginnen mit einem bekannten Ereignis, das in allen vier Evangelien berichtet wird, und versuchen dann, in ihm ein grundlegendes theologisches Prinzip zu erkennen, das wir dann anhand von verschiedenen alttestamentlichen Texten veranschaulichen und vervollständigen.

Wer wälzte den Stein?[59]

Die vier Evangelien berichten sehr eingehend über den berühmtesten Stein der Geschichte — jenen Stein, der den Eingang zum Grab Jesu Christi versperrte. Matthäus berichtet, daß Joseph von Arimathia «einen großen Stein» (Markus schreibt, daß der Stein «sehr groß» war — 16,4) an die Tür des Grabes wälzte, und daß das Grab von den jüdischen und römischen Behörden versiegelt wurde, damit keiner der Jünger Jesu den Leichnam stehlen konnte (Matth. 27,57-66). So lag das Grab da — von Menschen geplant und bewerkstelligt, durch die Schwerkraft und den Erlaß der Regierung fest verschlossen.

Was geschah nun mit diesem sehr großen Stein? Alle wahren Christen wissen es. «Ein Engel des Herrn kam aus dem Himmel hernieder, trat hinzu, wälzte den Stein weg und setzte sich darauf» (Matth. 28,2).[60] Nun stellt sich die alles entscheidende Frage: War

58 Hiob 12,8

59 Dies ist der Titel eines berühmten Buches, das die Auferstehung Jesu verteidigt. Frank Morison, *Wer wälzte den Stein?* (Hamburg, Christian-Wenger-Verlag, 1950)

60 Der Stein wurde nicht entfernt, damit Jesus herausgehen konnte (vgl. Joh. 20,19.26), sondern damit die Jünger hineingehen konnten (vgl. Joh. 20,1-13).

dies ein wissenschaftlich-historisches Ereignis, das vor ungefähr neunzehn Jahrhunderten in der Nähe Jerusalems stattfand?

Ein Geschichtsprofessor von der East Carolina University stellte Professor van de Fliert genau diese Frage. Die Denkmethode des holländischen Geologen hatte ihn aufgeschreckt — sie trennte Wissenschaft und Bibel durch die Anwendung «einer Kant'schen Dialektik, die die Wissenschaft auf einen rein physikalischen, experimentellen Bereich einschränkt. Im Blick auf solche Ereignisse in der Bibel — wie das Wegwälzen des riesigen Felsblocks vom Eingang des Grabes Jesu durch einen Engel — kommt es dann zu Schwierigkeiten. Hier haben wir es mit einem direkten Eingriff in die physikalisch-experimentelle, ja *geologische* Sphäre durch eine übernatürliche Kraft zu tun. Wie ist diese Erzählung zu verstehen?»[61]

Die Antwort Professor van de Flierts auf diese höchst bedeutsame und direkte Frage klingt ziemlich unsicher:

> Vor Spekulationen habe ich Angst, vor allem, wenn es um die Bibel geht. Ich kann wissenschaftlich von Fossilien und sedimentären Schichten in der Erdkruste reden, Urkunden, mit denen ich mich wissenschaftlich befassen kann. Wie wollen wir behaupten, hinreichend und wissenschaftlich über das reden zu können, was sich bei der Auferstehung Jesu genau ereignete? Die Auferstehung befindet sich meines Wissens außerhalb unserer wissenschaftlichen Erfahrung, und solange das der Fall ist, nehme ich das Recht in Anspruch, einem wißbegierigen Frager zu antworten: Ich weiß nicht! ... Über solche Dinge kann ich nur so sprechen, wie die Bibel über Gottes einzigartiges Handeln spricht — mit menschlichen Worten, in der gewöhnlichen, vorwissenschaftlichen Redeweise ...[62]

Hätten die ersten Christen diese Frage so beantwortet? Finden wir irgendwelche «Kant'schen» Anklänge in der Proklamation dieses historisch-geologisch-theologischen Ereignisses durch den Apostel Paulus? «... durch das ihr auch errettet werdet, wenn ihr

61 William White jr. «The Fundamentals of Fundamentalism and Geology», International Reformed Bulletin, Nr. 38 (Juli 1969), S. 30. (Hervorhebung vom Autor).

62 J. R. van de Fliert, «Bible, Man and Science: A Reply», International Reformed Bulletin, Nr. 38 (Juli 1969), S. 37.

festhaltet, mit welcher Rede ich es euch verkündigt habe, es sei denn, daß ihr vergeblich zum Glauben gekommen seid. Denn ich habe euch vor allem überliefert, was ich auch empfangen habe ... daß er auferweckt worden ist am dritten Tage nach den Schriften» (1. Kor. 15,2-4). Auch die bereits erwähnte Bibelstelle gibt uns einige Informationen über die Bewegung dieses Steines.

Wenn uns die Evangelien einen unfehlbaren Bericht über Ereignisse zur Zeit Jesu geben — dies war die Meinung aller strenggläubigen Christen seit dem Beginn der Gemeinde Jesu —, hat die Bewegung dieses Steines unweigerlich Folgen für die Geologie und die Theologie. Der geologische Uniformitarianismus als vollkommen widerspruchsfreie und völlig zufriedenstellende Weltanschauung wurde zumindest in diesem Fall in Stücke zerschlagen. Wir haben hier ein deutliches Beispiel, wie eine einzige echte Ausnahme ein ansonsten eindrucksvolles «Gesetz» des Universums umwerfen kann.

In dem Maße, wie eine uniformitarianistische Geologie es unmöglich macht, an die Bewegung eines großen Steines ausschließlich aufgrund der Macht Gottes oder eines Engels zu glauben, ist es für einen echten Christen unmöglich, uniformitarianistischer Geologe zu sein. Warum? Weil (1) niemand die physische Auferstehung Jesu in der Geschichte leugnen und trotzdem Christ sein kann (vgl. Röm. 10,9), und (2) die einzigen Berichte, die wir im Blick auf die physische Auferstehung Jesu haben, alle die Bewegung des Steines als wichtigen Beweis für die Auferstehung ansehen.

Die Geologen müssen somit die Grenzen des geschriebenen Wortes Gottes einhalten, nicht nur «die Grenzen ihrer eigenen Disziplin», wenn sie zu Gottes Volk gehören wollen. Christliche Geologen müssen, wie die anderen Christen auch, Gott fürchten und sich seinem Wort unterordnen. Sie sind von der Verheißung unseres Herrn nicht ausgenommen: «Ihr werdet die Wahrheit erkennen, und die Wahrheit wird euch freimachen»; dies trifft aber nur deshalb zu, weil sie auch von jenen Worten nicht ausgenommen sind, die dieser großen Verheißung vorangehen und sie bedingen: «Wenn ihr in meinem Wort bleibt, so seid ihr wahrhaft meine Jünger» (Joh. 8,31).

«Große Steine vom Himmel»[63]

Nicht lange, nachdem Israel den Jordan überquert hatte, griffen die kanaanäischen Heere Südpalästinas die Eindringlinge an. Sie wurden durch einen direkten Eingriff Gottes vernichtend geschlagen. «Und es geschah, als sie vor Israel flohen, sie stiegen hinunter von Beth-Horon — da warf der Herr *große Steine* vom Himmel auf sie herab, bis Aseka, daß sie starben. Es waren derer, welche durch die Hagelsteine starben, mehr als derer, welche die Kinder Israel mit dem Schwert töteten» (Jos. 10,11). Die fünf kanaanäischen Könige flohen und versteckten sich in einer Höhle bei Makkeda. «Und Josua sprach: Wälzet *große Steine* (dieselben hebräischen Wörter wie in Vers 11) an die Mündung der Höhle» (Jos. 10,18).

Ob diese «großen Steine vom Himmel» aus felsigen oder aus metallischen Substanzen bestanden, spielt hier keine Rolle. Im Blick auf eine hinreichende Weltanschauung, die *alle* bedeutsamen geologischen Ereignisse umfaßt, ist die Tatsache wichtig, daß jene Steine so vom Himmel geschleudert wurden, daß die fliehenden Kanaanäer, nicht jedoch die verfolgenden Israeliten getötet wurden. Daß wir heute diese Steine am Abstieg von Beth-Horon nicht mehr finden können, ist im Grunde nebensächlich. Wichtig ist, daß Tausende von Männern von diesen astronomisch-geologischen Geschossen erschlagen wurden, und daß sie von den Israeliten eingehend untersucht werden konnten, die sie mit ihren eigenen Augen niederfallen sahen. Die uniformitarianistische Geologie ist für die Erklärung dieser «großen Steine vom Himmel» überhaupt keine Hilfe, mag sie sonst für die Erklärung vieler geologischer Phänomene noch so hilfreich sein.

Geologische Wunder in der Wüste

Wenn wir uns von den Feldzügen Josuas in Kanaan zurückwenden und uns die Zeit vor Augen halten, in der Mose das Volk auf seiner Wüstenwanderung führte, dann stoßen wir auf zwei Ereignisse von besonderer geologischer Bedeutung.

63 Jos. 10,11

Mose schlug mit seinem Stab zweimal den Felsen — das eine Mal, weil Gott es ihm geboten hatte, das andere Mal im Zorn. In beiden Fällen spaltete sich der Felsen, und Wasser brach hervor. Der Bruch, der dadurch in der Erdkruste verursacht wurde, war für Israel jedesmal ein Zeichen der gnädigen Fürsorge Gottes. *Ohne das Licht, das Gottes Wort auf diese Ereignisse wirft, kann kein Geologe sie richtig erklären.* In ähnlicher Weise blieb die häßliche Narbe, die die Erde wahrscheinlich dort zurückbehielt, wo sie sich geöffnet und die Familien Korahs, Dathans und Abirams verschlungen hatte, ein Denkmal der göttlichen Gerechtigkeit, die die Bosheit dieser Rebellen gerichtet hatte. *Die Geologen hätten sich wieder an die Heilige Schrift wenden müssen, wenn sie diese Unregelmäßigkeit in der Erdkruste wirklich hätten verstehen wollen.*[64]

Die Beweiskraft dieser Hinweise in der Bibel auf übernatürliche Ursachen hinter gewissen geologischen Wirkungen in der Geschichte entspricht genau dem Ernst, mit dem der moderne Mensch das Zeugnis der Bibel annimmt. Die Ereignisse fanden *tatsächlich* im Raum-Zeit-Kontinuum statt, auch wenn heute keine sichtbaren Auswirkungen im Sinai mehr festzustellen sind.

Die Zerstörung von Sodom und Gomorra[65]

Hier haben wir es mit einem noch sensationelleren Eingriff Gottes — vom Standpunkt der historischen Geologie aus betrachtet — zu tun. Den Grabstein Jesu können wir nicht mehr an der Stelle finden, wohin man ihn gewälzt hatte — die großen Steine vom Himmel können heute nicht mehr identifiziert werden; der gespaltene Felsen und die gespaltene Erde in der Wüste sind nicht mehr zu lokalisieren — die Auswirkungen des Gerichtes Gottes über die fünf Städte der Ebene sind jedoch heute noch sichtbar:

64 Ring Star, «Geological Science and Biblical Data», The Banner, 25. Sept. 1970, S. 4. (Hervorhebung vom Autor. Diese Ereignisse sind in Num. 20,10.11 und 16,28-34 beschrieben.)

65 Siehe Gen. 19,24-29; Jes. 1,9; 13,19; Jer. 20,16; 49,18; Am. 4,11; Zeph. 2,9; Luk. 17,29.32; 2. Petr. 2,6; Jud. 7.

Gleich am Anfang wollen wir besonderen Wert auf die Tatsache legen, daß am Südufer des Toten Meeres etwas Außergewöhnliches geschehen sein muß, ganz gleich, was die Ursachen des Unglücks waren. Dies war keine gewöhnliche Feuersbrunst, sondern eine derart große und furchtbare Katastrophe, daß sie sich im Gedächtnis der Menschen festsetzte und einige Jahrhunderte lang mündlich weitererzählt wurde, ehe sie in der Bibel niedergeschrieben wurde.[66]

Ist es wirklich sicher, daß jene berüchtigten, verderbten Städte in dem Gebiet lagen, wo sich heute das seichte Südufer des Toten Meeres befindet? J. Penrose Harland schließt seine sorgfältige Untersuchung mit folgenden Worten:

Zusammenfassend kann man sagen, daß die Hinweise der Bibel und der späten griechischen und lateinischen Schriftsteller auf eine Lokalisierung am Südufer des Sees schließen lassen. Diese Lokalisierung wird gestützt von weiterem Beweismaterial aus der Geologie, der Hydrographie (Gewässerkunde), und aus positiven und negativen Ergebnissen archäologischer Nachforschungen.[67]

Theologen und Naturwissenschaftler

Müssen die oben zitierten Stellen aus den Büchern Genesis, Numeri, Josua, Matthäus, Markus, Lukas und Johannes ernst genommen werden, wenn sie uns berichten, daß Gott zu bestimmten Zeiten und an gewissen Orten übernatürlich in den Lauf der Weltgeschichte eingegriffen hat — Städte zerstörte, die Erde spaltete, Steine auf fliehende Heere schleuderte und einen riesigen Felsblock vom Grab Jesu wegwälzte?

Wenn der lebendige Gott auf derart spektakuläre Weise nicht nur eingreifen *kann,* sondern tatsächlich eingegriffen *hat,* könnte er dann nicht auch die Brunnen der großen Tiefe aufgebrochen und die oberen Wasser freigesetzt haben, um auf der Erde eine

66 J. Penrose Harland, «Sodom and Gomorrah», in The Biblical Freedman (New York: Anchor Books, Doubleday & Co., 1961), S. 59.
67 Harland, «Sodom and Gomorrah», S. 47.

universale Überschwemmung zu verursachen? Wenn es berechtigt ist, am Südufer des Toten Meeres nach den geologischen Folgen der Vernichtung von Sodom und Gomorra zu forschen, ist es dann nicht auch zulässig, in den riesigen sedimentären Ablagerungen unserer Erde nach den Folgen der weltweiten Sintflut zu forschen? Sind diese Sedimente nicht genau das, was man nach den bekannten Gesetzen der Hydrodynamik von einer solchen Flutkatastrophe erwarten würde, die eine außergewöhnlich zerstörerische Gewalt besaß und ein ganzes Jahr andauerte?

Viele christliche Geologen betrachten dies nicht nur als ein illegitimes, sondern als ein sehr gefährliches Unterfangen. Professor van de Fliert liest solche Versuche «mit zunehmendem Staunen». Sie sind für ihn «unglaublich», «äußerst gefährlich», und «sprechen dem Christentum das Todesurteil aus», die Christen «verlieren die Bibel als ein zuverlässiges Wort Gottes». Dieser Ansatz der Erdgeschichte «macht die Christen des zwanzigsten Jahrhunderts zu Fremdlingen», «raubt ihnen ihren Glauben an eine zuverlässige Bibel» und entfremdet ihnen in der Tat «die Worte des ewigen Lebens».[68]

Roger J.Cuffey, ein weiterer christlicher Geologe, brandmarkt alle die, die der Flut eine wissenschaftliche Bedeutung zukommen lassen wollen, als «pseudowissenschaftliche Ignoranten im Blick auf die moderne Geologie». Er schreibt: «Viele von uns waren verdutzt, als sie sahen, daß die Flutgeologen nicht etwa kräftig ausgelacht, sondern von den intelligenten Christen weithin akzeptiert wurden. Viele Geologen glauben deshalb, daß unsere wissenschaftlichen Kurse an den Schulen völlige Mißerfolge waren, wenn Leute mit einer Oberschulbildung einen derart groben Schnitzer wie diesen — nämlich den der Flutgeologen — nicht erkennen können.»[69]

Walter R.Hearn, der für die Buchrezensionen im *Journal of the American Scientific Affiliation* verantwortlich ist, konnte sich niemanden vorstellen, der so tollkühn wäre, «das Gebäude der geologischen Wissenschaft» in Frage zu stellen, «das von den Leu-

68 van de Fliert, «Fundamentalism», S. 69, 80.

69 Roger J.Cuffey, Kommentar zu J.R. van de Fliert, «Fundamentalism», in JASA, Sept. 1969, S. 71.

ten, die in diesem Gebäude wohnen, seit seiner Errichtung immer wieder neu gestaltet wurde», und diesen großartigen Bau des evolutionistischen Uniformitarianismus durch das «schöne neue Gebäude» ersetzen, das uns «in den Seiten der Familienbibel» begegnet.[70]

Frank H. Roberts meint, daß «die meisten Geologen erstaunt» sind, wenn sie von solchen Versuchen erfahren.[71] Wayne U.Ault erklärt: «Was die säkulare wissenschaftliche Welt anbelangt, wird *Die Sintflut* kaum irgendwelche Beachtung finden. Dieses Buch mag im besten Fall als erschütterndes Beispiel für einen Vertreter einer anderen Disziplin gelten, der versucht, sich in die mannigfaltigen Disziplinen der Geologie zu stürzen, um mit einem neuen Schema herauszukommen, das mit bestimmten ausgewählten, vorgefaßten Meinungen (wie die von Jesus Christus und den Aposteln?) übereinstimmt. Auf die evangelikale Welt wird das Buch, was sehr zu bedauern ist, wohl eine größere Wirkung haben. Es könnte sein, daß durch dieses Buch die Entwicklung der wahren christlichen Forschung in der jüngeren Generation verlangsamt wird!»[72]

Als Delbert N. Eggenberger 1962 seine Tätigkeit als Herausgeber der A.S.A.-Zeitschrift beendete, schrieb er folgende Worte: «Einige Themen, die früher rege diskutiert wurden, haben später ihre Aktualität immer mehr verloren, da sie auf Konferenzen und in Aufsätzen ziemlich erschöpfend behandelt worden waren. Die redaktionelle Auswahl verhinderte, daß dasselbe Material später noch einmal veröffentlicht wurde. Ein Beispiel hierfür ist die Flutgeologie.»[73] Es war jedoch nicht möglich, dieses wichtige Thema zu unterdrücken. Im Jahre 1965 wandte sich ein neuer Herausgeber mit folgenden Worten an seine Leser: «Das Feuer im Blick auf *Die Sintflut* schwelt immer noch. Der Herausgeber erhielt wieder eine Kritik früherer Rezensionen. Will der Leser sie haben, oder hat er nun genug?»[74]

70 Walter R. Hearn, Leitartikel zu «Buchrezensionen», JASA, März 1964, S. 28.

71 Frank H.Roberts, Rezension von «The Genesis Flood» (Die Sintflut) in JASA, März 1964, S. 28.

72 Wayne U.Ault, Rezension von «The Genesis Flood» in JASA, März 1964, S. 31

73 Delbert N.Eggenberger, The A.S.A. Periodical: «The First One and One-Half Decades», JASA, März 1963, S. 4. (Hervorhebung vom Autor).

74 Marlin Kreider, «Book Reviews», JASA, März 1965, S. 30.

Die Leser der Zeitschrift hatten offensichtlich nicht genug. Richard H.Bube, der 1968 Herausgeber wurde, fragte verzweifelt: «Wird sich die A.S.A. von den trockenen und langweiligen Argumenten im Blick auf Schöpfung, Evolution, Adam und die Flut lösen können? Wird sie wissenschaftliche Einsicht mit dem Evangelium von Jesus Christus verbinden und zu den Problemen Stellung nehmen, die unsere Welt beschäftigen?»[75]

Als Dr. Bube im nächsten Jahr den Nachdruck von Professor van de Flierts Artikel «Fundamentalism and the Fundamentals of Geology» verantwortete, geschah dies vermutlich, um gerade dieses Ziel zu erreichen. Man hoffte, die «trockenen und langweiligen Argumente im Blick auf Schöpfung, Evolution, Adam und die Flut» ein für allemal zum Schweigen bringen zu können.

Die folgenden Nummern des *Journal of the American Scientific Affiliation* zeigen deutlich, daß dies nicht der Fall gewesen ist. Paul H.Seely, ein bekannter Wissenschaftler und Mitglied der A.S.A., rief verzweifelt:

> Die von Whitcomb und Morris initiierte Irreführung, Mythologie, oder wie man sonst diese gut gemeinte, aber schlecht ausgedachte Pseudo-Wissenschaft nennen mag, hat buchstäblich Hunderte von christlichen Oberschulen, Bibelschulen und Seminaren erobert ... und durch die Absolventen dieser Ausbildungsstätten auch Tausende von Christen. Sie wuchert wie ein riesiges Krebsgeschwür ... die Gemeinde merkt noch nichts davon ... aber schließlich wird der daraus resultierende Bildungshaß zu Desillusionierung, zu einer Katastrophe und dem geistlichen Tod führen.[76]

75 Richard H.Bube, «The President Speaks», JASA, März 1968, S. 2. In einem Rundschreiben, das er als Präsident an alle Mitglieder der A.S.A. im November/Dezember 1968 ergehen ließ, zitiert Dr.Bube einen anonymen Brief: «Die schnelle Verbreitung der Lehre von einer 'jungen Erde' hat mir gezeigt, daß dies heute unter den evangelikalen Christen ein ernst zu nehmendes Problem ist. Die Verfechter dieser Lehre sind in vielen Fällen sehr feine, gläubige Mitmenschen, denen ich Achtung entgegenbringen muß. Aber die Tatsache, daß sie andere schneller für ihre Denkweise gewinnen als wir, hat mich erschreckt.» Bube erbat sich von der A.S.A. gute Gegenargumente — «bis heute haben wir nicht viel erreicht.» Er brachte die Hoffnung zum Ausdruck, daß in der Zukunft einmal eine «gewissenhafte Analyse der wissenschaftlichen Daten» erscheinen würde.

76 Paul H. Seely, «Adam and Anthropology», JASA, März 1971, S. 26

Ein Harvard-Absolvent, der über den gewaltigen Sturm gefühlsgeladener Reaktionen nachdachte, den dieser Artikel unter den Wissenschaftlern der A.S.A. auslöste, griff die Herausgeber der Zeitschrift an:

> Die A.S.A. *kann* in eine Parteilinie abgleiten, nämlich in die theistische Evolution. Ich mußte feststellen, daß sie seit dem Ausscheiden der Mitglieder der Creation Research Society mehr oder weniger die Neigung haben, die Flutgeologie usw. zu «entlarven», aber ich hoffe, daß sie als Christen sich nicht vor der Wahrheit verschließen werden. ... Van de Flierts Haltung im Blick auf die Fluttheorie und ihre Verfechter ist, milde gesagt, wegen ihrer vorausgesetzten Allwissenheit arrogant. Van de Fliert *setzt voraus,* daß seine Position die absolute Wahrheit ist — nur so kann er die Gegenposition in Mißkredit bringen! So besteht seine «Widerlegung» nur darin, daß er bereits bekannte, moderne uniformitarianistische Annahmen und «Tatsachen» wiederholt. Anscheinend ist es für ihn undenkbar, irgendeine andere Hypothese auch nur in Betracht zu ziehen. Dieses Denken ist nicht christlich. ... Ich muß sagen, daß ich nach einer sorgfältigen Untersuchung dieser Nummer die Fluttheorie durchaus als eine großartige Möglichkeit ansehe.[77]

Inzwischen hatte ein führender Wissenschaftler und Theologe in der American Scientific Affiliation heftig gegen die Herabsetzung der Genesis durch einige seiner evangelikalen Kollegen protestiert:

> Ich bin entsetzt, mit welcher Freiheit unsere gläubigen Wissenschaftler mit den Texten der Bibel spielen. Ich kann diese Aussage vielleicht durch den Hinweis etwas mildern, daß unsere Theologen genauso verfahren und die Wissenschaftler das natürlich übernommen haben. Aber die Wissenschaftler sollten jedoch die Gelegenheit wahrnehmen, sich die kritischen Stimmen verschiedener Theologen anzuhören, anstatt sich auf die erste, weit hergeholte Exegese der Genesis zu stürzen, die den wissenschaftlichen Erfordernissen entgegenzukommen scheint.[78]

Der folgende Aufruf stammt von zwei sehr bekannten reformierten Theologen Australiens, die die Schriften von J.R. van de

77 John M.Batteau, «Tone Down the Rhetoric», JASA, Juni 1972, S. 75.
78 R. Laird Harris, Brief an den Herausgeber, JASA, Dezember 1964, S. 127.

Fliert, Jan Lever und anderen gläubigen Wissenschaftlern an der Freien Universität Amsterdam gut kannten:

> Wir bitten die Naturwissenschaftler, die unsere Mitchristen sind, ernsthaft auf das zu hören, was die Theologen, deren lebenslange Aufgabe das Studium des geoffenbarten Wortes Gottes ist, zum Thema der Anfänge, der Schöpfung oder der Evolution zu sagen haben. Wir Theologen werden weiterhin lesen, was die Wissenschaftler sagen.[79]

Anstatt nun die Aussagen der Heiligen Schrift ernsthafter zu untersuchen oder die ihren eigenen Interpretationen geologischer Phänomene (z.B. der Formationen des Grand Canyon) zugrundeliegenden Voraussetzungen objektiv zu überprüfen, schien es einigen Wissenschaftlern der A.S.A. einfacher zu sein, sich durch den traditionellen Ruf «Galilei wird wieder verfolgt!» zu verteidigen.[80] Man nahm an, daß damit eine weitere Einmischung durch konservative Alttestamentler und Theologen verhindert werden könnte, die entsetzt darüber waren, wie unverantwortlich die Leitung der A.S.A. mit der Heiligen Schrift umging.

> Wir haben es hier mit einem umgekehrten «Prozeß gegen Galilei» zu tun. Die Theologen sagen: «Wir haben Fragen, die einige eurer wissenschaftlichen Dogmen unterhöhlen würden.» Die «wissenschaftliche» Partei antwortet: «Eure Einwände sind nicht wissenschaftlich und

79 Klaas Runia und George Van Groningen, Antwort auf «Thinking Cap — Or Night Cap?» von Peter G.Berkhout, in The Banner, 5. März 1965, S. 24. Vgl. auch George Van Groningen, «Genesis: Its Formation and Interpretation», in Interpreting God's Word Today, hrsg. von Simon Kistemaker (Grand Rapids: Baker Book House, 1970) S. 30-34.

80 z.B. Peter G.Berkhout, «The Bible of Nature», JASA, Dez. 1967, S. 112. Charles E.Hummel kommentiert: «Galilei wird als unerschrockener Märtyrer dargestellt, der von dem religiösen Dogmatismus verfolgt wurde. Diese Darstellung, die sich großer Popularität erfreut, ist in Wirklichkeit ein rationalistischer Mythos, der im vergangenen Jahrhundert aufkam. Historische Untersuchungen zeigten, daß Galileo nicht mit biblischer Offenbarung, sondern mit der aristotelischen Naturphilosophie zu kämpfen hatte, die von der Scholastik vertreten und verteidigt wurde» («The Scientific Revolution of the 16th and 17th Centuries», JASA, Dez. 1968, S. 101). Eine ausgezeichnete Untersuchung der tatsächlichen Ereignisse um Galilei hat Jerome J.Langford angestellt: «Galileo, Science and the Church», (rev. Ausg.; Ann Arbor: The University of Michigan Press, 1971), S. 1-158.

dürfen unter keinen Umständen das Vertrauen der Menschen in unsere Lehren in Gefahr bringen.»[81]

Diese Parole erwies sich jedoch als wertlos. Die wenigen Wissenschaftler in der A.S.A., die die Genesis immer noch ernstnehmen, wurden von den Herausgebern der Zeitschrift umgangen und hielten es deshalb für notwendig, 1963 eine neue Organisation zu gründen, die Creation Research Society genannt wurde und bald mehrere hundert Mitglieder (nur Wissenschaftler) hatte.[82]

Eine Fledermaus in einem Stalagmiten

Die Tatsache, daß eine Fledermaus in einem Stalagmiten eingeschlossen werden konnte (Carlsbad Caverns, New Mexico), ist ein wichtiger Schlüssel für die Frage nach der Wachstumsgeschwindigkeit von Stalagmiten. Die Uniformitarianisten behaupten, daß das Wachstum eines Stalagmiten mehrere tausend Jahre erfordern würde — dies ist jedoch ein gewaltiger Irrtum. Das Wachstum eines Stalagmiten geschieht manchmal offensichtlich so schnell, daß eine Fledermaus eingeschlossen werden kann, noch ehe sie von Bakterien angegriffen oder von anderen Tieren gefressen wird. Aus diesem Grund kann man das Wachstum von Tropfsteinformationen (unter bestimmten Bedingungen) als *katastrophisch bedingt* bezeichnen.

81 Nach Harold Lindsell, der das moderne wissenschaftliche Establishment im Blick auf den Widerstand gegen den Kreationismus in öffentlichen Schulen kritisiert. Leitartikel, Christianity Today, 5. Jan. 1973, S. 354.

82 Zur Zeit dieser Abspaltung hatte die A.S.A. weniger als tausend Mitglieder. Später meinte ein theistischer Evolutionist in der A.S.A.: «Die Leute (der Creation Research Society) sind wohlmeinende Christen; mir erscheinen sie allerdings wie der Überrest einer aussterbenden Rasse» (Peter G.Berkhout, «The Bible of Nature», JASA, Dez. 1967, S. 112). Eine Liste von einigen neueren Veröffentlichungen der C.R.S. findet sich auf S. 78, Fußnote 35.

Schlußfolgerung

Die mächtige Herrschaft, die der Uniformitarianismus auf das Denken vieler gläubiger Wissenschaftler ausübt, kann zum Teil an dem heftigen Widerstand gemessen werden, der von der American Scientific Affiliation allen ernsthaften Versuchen entgegengebracht wurde, dieses philosophische System an seiner Wurzel anzugreifen. Die Tatsache, daß dieser Angriff von zwei Seiten vorgetragen wurde — einer sorgfältigen Exegese der Heiligen Schrift und einer verantwortungsvollen Behandlung der wissenschaftlichen Daten —, zwang die christlichen Uniformitarianisten nur allzu oft, sich auf ihre wissenschaftliche «Autorität» und auf traditionelle wissenschaftliche Klischees zu berufen. Einige Geologen, vor allem Professor J.R. van de Fliert von der Freien Universität Amsterdam, suchten die Spannung dadurch aufzuheben, daß sie die ersten Kapitel der Genesis in eine bedeutungslose, existentialistische «Übergeschichte» auflösten.

Man kann die Genesis jedoch nicht so einfach beiseite legen. Als grundlegendes Buch des Wortes Gottes, der Heiligen Schrift, teilt es die Irrtumslosigkeit und Unfehlbarkeit, die Jesus Christus der ganzen Bibel zuschreibt. Und wie einige andere Bücher der Bibel trägt die Genesis zu einem «biblischen System der Geologie» bei, dem notwendigen Bezugsrahmen für einen völlig zufriedenstellenden Ansatz einer historischen Geologie. Nur dann, wenn wir diese von Gott offenbarte Grundlage für die Geologie besitzen, sind wir in der Lage, die Einzelheiten eines *umfassenden Systems* auszuarbeiten, das mit dem Befehl Gottes an Adam und an die gesamte Menschheit übereinstimmt: «... füllet die Erde und machet sie euch *untertan* ...» (Gen. 1,28).

Die Küste der Insel Surtsey

Surtsey, die neue Insel, die 1963 im Atlantischen Ozean einige Kilometer südlich von Island plötzlich sichtbar wurde, ist ein weiterer Angriff auf den Uniformitarianismus. Innerhalb weniger Monate «formte die wogende Brandung die Lava in abgerundete

Blöcke um; dies geschah so rasch, daß die Geologen, die der Geburt von Surtsey beiwohnten, erstaunt waren» (Samuel W. Matthews, «This Changing Earth», National Geographic Magazine, Jan. 1973, S. 5).

Der isländische Geologe Sigurdur Thorainsson machte folgende Beobachtungen: «Auf Surtsey genügten einige wenige Monate für die Schaffung einer so abwechslungsreichen und durch Erosion stark zerklüfteten Landschaft, daß es fast unglaublich ist. Wir finden hier nicht nur einen Lavadom mit einem glühenden Lavasee in einem Krater, sowie rotglühende Lavaströme, die die Abhänge hinunterjagen, den Dom erhöhen und die Struktur der Insel von einem Tag auf den anderen verändern. Wir finden auch weite Sandstrände und steile Klippen, die von den hereinrollenden Brechern des Meeres gepeitscht werden. Man findet Geröllhalden und Lagunen, eindrucksvolle Klippen, die aus Tephrit (Basaltasche) bestehen und aufgrund des Salzwassers und des Siliziums, das aus dem Tephrit heraussickert, grau-weiß geworden sind — sie gleichen daher den weißen Klippen am Englischen Kanal. Man findet Höhlungen, Schluchten und leicht gewellten Boden. Man findet Bruchflächen und steile Verwerfungen, Flußbette und Geröll. ... Es kann sein, daß man am Strand auf fließende Lava trifft, die dem Meer zueilt. ... *Wenn man dann drei Wochen später an dieselbe Stelle zurückkehrt, kann es sein, daß man von dem, was sich dem Auge bietet, buchstäblich verwirrt wird.* Man hat jetzt steile Lavaklippen vor sich, die ziemlich hoch aufragen; am Fuße dieser Klippen sieht man Felsblöcke, die von der Brandung ausgewaschen wurden, zum Teil fast vollständig rund sind und auf einer Terrasse liegen, die vom Wasser in das Gesteinsriff eingeschnitten worden war; weiter draußen findet man einen Sandstrand, auf dem man bei Ebbe entlanggehen kann» («Surtsey: The New Island in the North Atlantic», Reykjavik, Iceland: Almenna Bokafelagio, 1964, S. 52. Hervorhebung vom Autor. Zitiert von Wilbert H. Rusch in «Why Not Creation?» hrsg. von Walter E. Lammerts, Nutley, N.J.: Presbyterian and Reformed Publishing Co., 1970, S. 139).

Zusammenfassung

Warum gehen die Meinungen aufrichtiger und gebildeter Christen hinsichtlich der biblischen Lehre von der Flut so stark auseinander? Der Grund für diesen Tatbestand ist nicht in dem Fehlen von biblischem oder wissenschaftlichem Beweismaterial zu suchen, sondern in dem jeweils unterschiedlichen Ausgangspunkt. Wenn man mit den zahllosen, komplizierten wissenschaftlichen Daten und gegenwärtigen Interpretationen dieser Daten *beginnt,* ohne einen von Gott geoffenbarten und daher unfehlbaren Bezugsrahmen zu haben, werden sich die Schlußfolgerungen letztlich selbst widersprechen. Wenn uns aber Gottes Wort als Richtschnur dient, können wir diese wissenschaftlichen Daten von einem vereinheitlichenden Blickwinkel aus betrachten und getrost in die Zukunft blicken.

Viele gläubige Wissenschaftler haben sich in ihrer Interpretation der Erdgeschichte geirrt, weil ihnen dieser biblische Blickwinkel fehlte. Von der unglaublichen Menge der wissenschaftlichen Daten (Schichten, Fossilien, Warven, Krater, Gletscher, Gebirge, Evaporite, Canyons, Deltas, Stalagmiten) verwirrt, die ihnen von ihrer Kindheit an mit uniformitarianistischen und evolutionistischen Begriffen erklärt worden waren, übergingen sie das Wort Gottes als von Gott gegebene Richtschnur zum Verständnis der Erdgeschichte. Irgendwie spürten sie, daß die ersten Kapitel der Genesis wahr sind — allerdings nur in einem unbestimmten «religiösen» Sinn (vor allem in jenen Gebieten, die in den «Herrschaftsbereich» der historischen Wissenschaften übergreifen).

Diese Unterbewertung der historischen Relevanz der Heiligen Schrift hatte eine theologische und eine wissenschaftliche Katastrophe zur Folge. Die biblische Lehre von der Schöpfung ist heute hoffnungslos «erledigt», und aus der großen Flut wurde eine bloße Flußüberschwemmung in Mesopotamien. Dadurch wurde eindeutigen Irrlehren wie der Neo-Orthodoxie und dem theologischen Existentialismus Tür und Tor geöffnet; diese Irrlehren bieten keine absolute Garantie mehr, daß die Bibel das Wort Gottes und Gott selbst eine Person ist.

Dies kann und muß jedoch vermieden werden. Jesus Christus

brachte das Grundprinzip klar zum Ausdruck: «Wer das Reich Gottes nicht aufnimmt wie ein Kind, wird dort *nicht* hineinkommen» (Mark. 10,15). Jesus will mit diesen Worten bestimmt nicht sagen, daß er die Unwissenheit belohnt. Derjenige aber wird belohnt, dessen Herz für die entscheidende Autorität des Wortes Gottes offen und empfänglich ist. Für die Beziehung zwischen Gott und den Menschen ist nichts wichtiger als diese Haltung unseres Herzens. Der Apostel Paulus stellt im Blick auf große Leistungen des Menschen auf religiösem Gebiet folgende Frage: «Hat nicht Gott die Weisheit der Welt zur Torheit gemacht?» (1. Kor. 1,20). «Torheit» bedeutet in der Bibel eine bewußte Zurückweisung der Erläuterungen Gottes zur Erhellung tatsächlicher Ereignisse zugunsten von rein menschlichen Erklärungen.

Die uniformitarianistischen Geologen der Gegenwart sind weit weniger unbeweglich als ihre Kollegen im neunzehnten Jahrhundert. Sie sprechen von ihrer neuen Freiheit und Flexibilität, die bis zur Tolerierung größerer Katastrophen geht. Der gegenwärtige Trend scheint jedoch ihrem uniformitarianistisch-evolutionistischen Modell der Erdgeschichte gefährlich zu werden. Ist ihr System in der Lage, die Entdeckung unterzubringen, daß das Magnetfeld der Erde aufgrund seiner gegenwärtigen Dissipationsgeschwindigkeit vor weniger als 15000 Jahren entstand? Oder den Heliummangel in der Atmosphäre trotz der rapiden Zunahme durch radioaktive Zerfallsprozesse? Oder das Fehlen von Meteorstaub auf dem Mond und auf der Erde trotz seiner heute schnellen Wachstumsrate? Oder die Entdeckung, daß die Ölvorkommen jungen Ursprungs sind, da es nicht möglich ist, bei den beobachteten Permeabilitäten der ölführenden Schichten einen hohen Flüssigkeitsdruck lange aufrecht zu erhalten? Oder die notwendigerweise plötzliche und nicht sehr lange zurückliegende Entstehung der gesamten Kohlevorräte der Erde? Oder die rasche Formung und Aushöhlung des Grand Canyon, sowie das Vorhandensein von Pollenkörnern in seinen untersten Schichten? Oder das Vorhandensein menschlicher Fußabdrücke in derselben Gesteinsschicht wie die Abdrücke riesiger Reptilien, der Dinosaurier? Wenn gläubige Geologen, die von dem uniformitarianistischen System der Erdgeschichte stark beeinflußt worden sind, solche Entdeckungen ignorieren, fragt man sich mit Recht, wie es mit ihrer Aufrichtigkeit und Objektivität steht, von ihrer Unterwerfung unter Gottes Wort ganz zu schweigen.

Die Verfechter einer biblischen Katastrophenlehre behaupten nicht, daß irgendein geologisches Phänomen an und für sich schon die Universalität der Flut beweist. Es war nie die Absicht Gottes, daß der wissenschaftliche Empirismus ein direktes und unbedingt notwendiges Glied der biblischen Offenbarung sein sollte. Ganz im Gegenteil — die Heilige Schrift wurde uns als Richtschnur gegeben, die wir zum Verständnis des Ursprungs und der Bedeutung unserer geologischen Umgebung brauchen. Der Gläubige ist mindestens bis zu diesem Grade einer Art deduktiver Beweisführung verpflichtet. «Denn bei dir ist der Quell des Lebens; in deinem Licht sehen wir das Licht» (Ps. 36,10). Die geologischen Daten sind bestenfalls *untergeordnetes Beweismaterial* für die Wirklichkeit der Sintflut. Die *entscheidende Grundlage* für unser Vertrauen in ihre Realität besteht in den klaren Aussagen unseres Herrn Jesus Christus und seiner Apostel, die bezeugen, daß «die damalige Welt, vom Wasser überschwemmt, unterging».

Bibliographie

Archer, Gleason L. jr., *A Survey of Old Testament Introduction,* Chicago: Moody Press, 1964.

Ault, Wayne U., Rezension von The Genesis Flood (John C.Whitcomb jr., und Henry M.Morris). *Journal of the American Scientific Affiliation,* XVI: 1 (März 1964), 29-31.

Cansdale, George S., «A Universal Flood: Some Practical Difficulties», *Faith and Thought, XCVIII: 2,3 (1970) 61-68.*

Clark, R.T., und Bales, J.D., *Why Scientists Accept Evolution,* Nutley, N.J.: Presbyterian and Reformed Pub. Co., 1966.

Clementson, Sidney P., «A Critical Examination of Radioactive Dating of Rocks», *Creation Research Society Quarterly,* VII (Dezember 1970), 137-41.

Clough, Charles A., «A Clam Appraisal of The Genesis Flood», *Unveröffentlichte Doktorarbeit,* Dallas Theological Seminary, 1968.

.... *Laying the Foundafion,* Lubbock, Texas: Lubbock Bible Church, 1973.

Cook, Melvin A., *Prehistory and Earth Models,* London: Max Parrish and Co., 1966.

.... «Fossil Man in the Light of the Record in Genesis», *Why Not Creation?* Hrsg. von Walter Lammerts, Nutley, N.J.: Presbyterian und Reformed Pub. Co., 1970.

Davidheiser, Bolton., *Evolution and Christian Faith,* Nutley, N.J.: Presbyterian and Reformed Pub. Co., 1969.

Filby, Frederick A., *The Flood Reconsidered,* Grand Rapids: Zondervan Pub. House, 1971.

Gish, Duane T., *Evolution: The Fossils Say No!* San Diego: Institute for Creation Research, 1972.

.... *Speculations and Experiments Related to Theories on the Origin of Life,* San Diego: Institute for Creation Research, 1972.

Harris, R. Laird, *Man-God's Eternal Creation.* Chicago: Moody Press, 1971.

.... «The Mist, the Canopy, and the Rivers of Eden», *Bulletin*

of the Evangelical Theological Society, XI:4 (Herbst 1968), 177-79.
Heidel, Alexander, *The Gilgamesh Epic and Old Testament Parallels.* 2. Aufl. Chicago: University of Chicago Press, 1949.
Hooykaas, R., *The Principle of Uniformity in Geology, Biology and Theology,* Leiden: E.J. Brill, 1963.
Kaiser, Walter C. jr., «The Literary Form of Genesis 1-11», *New Perspectives on the Old Testament.,* Hrsg. von J. Barton Payne. Waco, Texas: Word, Inc., 1970.
Kerkut, G.A., *Implications of Evolution,* New York: Pergamon Press, 1960.
Kidner, Derek, *Genesis: An Introduction and Commentary.* Chicago: Inter-Varsity Press, 1967.
Klotz, John W. Genes, *Genesis and Evolution.* St. Louis: Concordia Pub. House, 1955.
Lammerts, Walter, Hrsg. *Scientific Studies in Special Creation.* Nutley, N.J. Presbyterian and Reformed Pub., Co., 1971.
.... Hrsg. *Why Not Creation?* Nutley, N.J.: Presbyterian and Reformed Pub. Co., 1970.
LaSor, William Sanford, Rezension von The Genesis Flood, (John C.Whitcomb, jr. u. Henry M. Morris) in *Eternity,* XII:8 (August, 1961), 43.
Leupold, H.C., *Explosition of Genesis.* Grand Rapids: Baker Book House, 1942.
Macbeth, Norman, *Darwin Retried.* Boston: Gambit, Inc., 1971.
Meeter, Merle, «Geology in the Dark or in Bible Light?» *International Reformed Bulletin,* XXXVIII (Juli 1969), 27-29.
Montgomery, John Warwick, *The Quest for Noah's Ark.* Minneapolis: Bethany Fellowship, Inc., 1972.
Moore, John N., und Slusher, Harold Schultz, Hrsg. *Biology: A Search for Order in Complexity.* Grand Rapids: Zondervan Pub. House, 1970.
Morris, Henry M., «The Ark of Noah», *Creation Research Society Quarterly,* VIII:2 (September, 1971), 142-44.
......., *Biblical Cosmology and Modern Science.* Grand Rapids: Baker Book House, 1970.
......., Brief an den Herausgeber. *Journal of the American Scientific Affiliation,* XXII:1 (März 1970), 36-37.

......., *The Remarkable Birth of the Planet Earth.* San Diego: Institute for Creation Research, 1971.

......., *Studies in the Bible and Science.* Nutley, N.J.: Presbyterian and Reformed Pub.Co., 1966.

Morris, Henry M., und Wiggert, James M., *Applied Hydraulics in Engineering.* 2. Aufl. New York: Ronald Press, 1972.

Patten, Donald W., *The Biblical Flood and the Ice Epoch.* Seattle: Pacific Meridian Pub.Co., 1966.

Ramm, Bernard, *The Christian View of Science and Scripture.* Grand Rapids: Wm.B. Eerdmans Pub.Co., 1954.

Roberts, Frank H., Rezension von The Genesis Flood, (John C. Whitcomb, jr., und Henry M.Morris). *Journal of the American Scientific Affiliation,* XVI:1 (März 1964), 28,29.

Rupke, N.A., «Prolegomena to a Study of Cataclysmal Sedimentation». *Why Not Creation?* Hrsg. von Walter E. Lammerts. Nutley, N.J.: Presbyterian and Reformed Pub.Co., 1970.

Schaeffer, Francis A., *Genesis in Raum und Zeit.* Brockhaus-Verlag, Wuppertal, 1976.

van de Fliert, J.R. «Bible, Man and Science: A Reply», *International Reformed Bulletin,* XXXVIII (Juli 1969), 34-39.

......., «Fundamentalism and the Fundamentals of Geology», *Journal of the American Scientific Affiliation,* XXI:3 (September 1969), 69-81.

Velikovsky, Immanuel, *Earth in Upheaval.* New York: Dell Pub.Co., Neuauflage 1965.

Whitcomb, John C. jr., *The Early Earth.* Grand Rapids: Baker Book House, 1972.

Whitcomb, John C., jr., und Morris, Henry M., *Die Sintflut.* Stuttgart, Hänssler-Verlag, 1977.

White, William, jr., «The Fundamentals of Fundamentalism and Geology», *International Reformed Bulletin.* XXXVIII (Juli 1969), 30-33.

Wilder Smith, A.E., *Die Erschaffung des Lebens,* Stuttgart, Hänssler-Verlag, 1972.

......., *Herkunft und Zukunft des Menschen,* Stuttgart, Hänssler-Verlag, 1972.

Young, Davis A.Rezension von The Encounter Between Christianity and Science, Hrsg. von Richard H.Bube. *Westminster Theological Journal,* XXXI (Mai 1969), 217-24.

......., Rezension von Evolution and Christian Faith, von Bolton Davidheiser. *Westminster Theological Journal,* XXXIII:2 (Mai 1971), 222-24.
......., Rezension von Symposion on Creation-II, Hrsg. von Donald W.Patten., *Westminster Theological Journal,* XXXIV:1 (November 1971), 61-66.
Young, Edward J., *Studies in Genesis One.* Nutley, N.J.: Presbyterian and Reformed Pub.Co., 1964.

Namen- und Sachregister

Aalders, G.C. 59, 112
Aepyornis (Vogel) 30
Affen, als Vorfahren des Menschen 93
Allen, B.F. 78
American Scientific Affiliation .... 62, 98, 127—132
Anderson, B.W. 61
Antarktis, Fossilien in der 74, 76
Aral-See 46
Ararat, und Arche Noah 45
Arche, Konstruktion der .... 18—21
Arche, Notwendigkeit der .... 42—43
Archer, Gleason 60
Arten, biblische 20
Astrale Katastrophenlehre 25
Auferstehung Jesu .... 113, 121—123
Ault, W.U. 99, 100
Australien, Wanderungen nach 29

Baarda, T. 109
Babylonischer Flutbericht 19
Bales, J.D. 66
Barker, A.D. 111
Barnes, T.G. 92
Barnett, L. 32
Barth, Karl 59, 105
Bascom, W. 66
Batteau, J.M. 130
Bengalische Bucht (Flutwellen) 65
Beresovka, Mammut von 73
Bering, Vitus 76
Berge, von der Flut überschwemmt 40

Berkhout, P.G. 131, 132
Bernstein, J. 69
Beth-Horon, Steine bei 124
Bibel als «Lehrbuch» 113
Bird, R.T. 75
Bonneville (Seebecken) 77
Brontosaurus 30
Brunel, J.K. 21, 22
Brunner, E. 105
Bube, R.H. 101, 104, 129
Bultmann, R. 105
Burdick, Clifford .... 70—72, 81, 93
Buswell, J.O., jr. 68

Canberra (Schiff) 22
Cansdale, G. 23, 30
Carlsbad Caverns 132
Christus und die Genesis 66, 88
Clark, H.W. 71
Clark, R.E.D. 111
Clark, R.T. 66
Clementson, S.P. 84
Clough, C.A. 52, 99, 117
Coffin, H. 75
Colorado (Fluß) 67
Columbia Plateau (Lava) 78, 79
Cook, M.A. 92
Crater Lake, erloschener Vulkan 83
Creation Research Society 62, 132
Cuffey, R.J. 96, 104, 127
Custance, A. 27, 28, 41, 51

Darwin, Charles 66, 92, 93, 102
Davidheiser, B. 92, 93, 97
Davis, J.J. 9
de Grazia, A. 86
De Groot, R.O. 109

Delitzsch, F. 60
De Young, G. 9
Dinosaurier 29, 30
Dinosaurier, Fußspuren von 75, 136
Dismal Swamp (Virginia) 75
Dunbar, C.O. 73
Durkee, J. 69

Eardley, A.J. 78
Eden, Vertreibung aus dem Garten 30
Eden Murray, ... 111
Eggenberger, D.N. 128
Eiszeit 33, 79
Elliott, R.H. 61
Engel, L. 52
Erdöl, Entstehung von 120, 136
Erickson, M. 20
Existentialismus 105, 108, 110, 113, 135
Exodus aus Ägypten 25
Exodus, Historizität des .... 107—109

Fenneman, N.M. 77
Fenster des Himmels 33
Filby, F.A. 22, 23, 24, 45, 46, 55, 58, 59
Fleuten (dänische Barken) 19
Flut, Dauer der 41
Flut, Tiefe der 40
Flut, vernichtete alle Menschen 50
Fossilbildung .... 72—75
Fraser, A. 111
Fullerton, D.B. 5

Galilei 131
Gaskill, G. 65
Gebirge, Hebung der 38
Genesis 1-11, Historisches über .... 107—109
Genesis und Christus 66, 88

Gentry, R.V. 92
Geosynklinale, Problem der 78
Gish, D.T. 52, 82, 92, 103, 120
Glacier National Park 80
Glaube und wissenschaftl. Fakten 90, 111, 137
Glueck, Nelson 73
Grand Canyon, Entstehung des 71, 72, 131, 136
Great Eastern (Schiff) 21
Green, J.A. 84
Grosheide, F.W. 59
Gsell, Ray 114

Harland, J.P. 126
Harris, R.L. 32, 43, 44, 130
Hartzler, H.H. 112
Hearn, W. 127, 128
Heart Mountain-Überschiebung 80
Heidel, A. 20
Helium in der Atmosphäre 136
Henry, Carl F.H. 109
Henson, J. 25
Hill, G.R. 82
Himalaya (Schiff) 21
Hiskias Sonnenuhr 95
Historische Geologie (bibl. System) 121, 133
Hooykaas, R. 66
Howe, G.F. 81, 92
Hubbert, M.K. 81
Hummel, C.E. 131
Hydrodynamik, Hydrologie .... 64, 68—70, 115—117

Ibach, R., jr. 9
Indianer, amerikanische 51
Interpretation der Bibel .... 88, 91—92, 100—103, 118

Jansen, P. 19
Johnstown, Überschwemmung von 65
Jones, A. 111
Josuas langer Tag 95

Känguruh 29
Kaiser, Walter C., jr. .... 33, 107—108
Kanaaniter, Vernichtung der 124
Kaspisches Meer 46
Katastrophenlehre, biblische .... 93 ff.
Kelvin, Lord 92
Kerkut, G.A. 85, 90
Kidner, D. 55, 59
Kistemaker, S. 131
Klotz, J. 92
Kohle, rasche Entstehung von 82, 136
Kohle, «Torfmoor-Theorie» .... 74—75
Komodo-Insel (Indonesien) 30
Komodowaran 30
Koole, J.L. 109
Koran 108
Krakatau (Indonesien) 83
Kreider, M. 128
Kuitert, H.M. 109
Kuschke, A.W. 42

Lahonton, Seebecken von 77
Lammerts, W.E. 49, 78, 81, 92
Langford, J.J. 131
LaSor, W.S. 97
Lavaplateaus 79
Lekberg, C. 65
Leningrader Museum 73
Leupold, M.C. 60
Lever, J. 131
Lewis-Überschiebung 81
Lincoln — Gedenkstätte (Stalaktiten) 114
Lindsell, H. 31
Lyell, Sir Charles 37, 66

Macbeth, N. 74, 86, 90, 92, 110
Magnetfeld der Erde 136
Mammuts, Einfrieren von 76, 77

Manser, A.R. 111
Marinatos, S. 83
Marsh, F.C. 92
Martin, C.P. 85
Matthews, S.W. 134
Mayr, E. 111
Mazama, Mt. (Kratersee) 83
McCullough, D. 65
Meeter, M. 109, 110
Menninga, C. 102
Merkur (Planet) 25
Meteorstaub 136
Milne, L.J. 84
Minoische Kultur 83
Mississippi-Delta 77, 78
Mitchell, T.C. 45
Montgomery, J.W. .... 47—49
Moore, J. 104
Moore, J.N. 92
Moore, R.C. 119
Morison, F. 121
Morris, H.M. 9, 12, 19, 50, 51, 68, 69, 76, 78—81, 88, 91, 92, 95, 101, 103, 115—118
Mulfinger, G. 25, 92, 114

Neo-orthodoxe Interpretation 61, 105, 135
Nevins, S. 119
Newell, N. 93
Newmann, R.C. 33

O'Connell, P. 55
Olson, W.S. 77

Paricutin, Vulkan 84
Patten, D.W. 25, 31, 76, 93, 94, 96
Payne, J.B. 33, 60, 61
Pinnock, C.H. 102, 109
Pollen in präkambrischem Gestein 72
Popper, Sir Karl 110, 111
Pritchard, J.B. 19

Radioaktive Datierungsmethoden 84
Ramm, B. .... 17, 19, 26—28, 50, 58, 60
Ramsley, A.O. 25
Regenbogen, Bund Gottes .... 34—36, 51
Reymond, R. 25
Ridenour, F. 69
Roberts, F.H. 80, 98, 128
Rubey, W.W. 81
Runia, K. 59, 131
Rupke, N.A. 75
Rusch, W.H. 62, 92, 134

Sanderson, J. 73
Schaeffer, F.A. 45
Schöpfung, «erwachsene» 99
Schmurr, R. 48
Schutzenberger, H. 111
Seely, P.H. 33, 129
Sibirien 44, 79
Slusher, H. 62, 70, 81, 92
Smith, C.R. 9
Smith, A.E.Wilder 75, 103
Sodom und Gomorra 125, 126
Stalaktiten 114
Star, R. 125
Stokes, W.L. 79
Surtsey, Insel .... 133—134

Tahoe, Seebecken 77
Tanner, W.F. 105
Thera (ägäische Insel) 83
Thomas, G. 109
Thomson, W. 92
Thorarinsson, S. 134
Thornbury, W.D. 79
Tinkle, W. 92
Toll, B. 76

Triton, A.N. 104
Tsunamis (Flutwellen) 69
Turner, C. 9

Überwinterung in der Arche 28
Uniformitarianismus .... 37, 85—86, 93—99, 115, 136
Unwiderlegbarkeit (Maxime Karl Poppers) 110
Uri, M.B. 43

Vaccaro, M.A. 23
Van de Fliert, J.R. .... 80, 103—113, 122, 127, 130, 131
Van Groningen, G. 112, 131
Van-See 46
Velikovsky, I. 25, 31, 37, 85, 94
Vergletscherung, Ursache der 79
Versteinerte Baumstämme 75, 82, 119
Verwerfungen 80
Von Bertalanffy 111
Vulkanismus 79, 80

Wasser, auf der Erde .... 40 ff. 52
Watson, D.C. 46
Wiederkunft Jesu 94
Whitcomb, Mrs. Norma 9
White, A. 25
Wilder-Smith, A.E. 103
Williams, E. 25
Wunder 63
Wunder Gottes .... 95, 96, 113, 121 ff.

Yamauchi, E. 90
Young, D.A. .... 93, 95—97, 101
Young, E.J. 113
Yungay (Peru) 65

Zeitskala der Evolution 92
Zimmermann, P.A. 92
Zylstra, C. 9

In der TELOS-Paperbackreihe erschienen folgende Titel

2002 Eugenia Price
Mut zum Nachdenken
2003 June Miller
Warum sinken, wenn du schwimmen kannst
2004 Elli Kühne
Mit dem Mantel der Liebe
2005 D. A. T. Pierson
Niemals enttäuscht
2006 Anny Wienbruch
D. Jüngste d. fröhl. Familie
2007 Arno Pagel
Sie wiesen auf Jesus
2008 Arno Pagel
Sie führten zu Christus
2009 Arno Pagel
Sie riefen zum Leben
2010 Don Richardson
Friedens-Kind
2011 Bernard Palmer
Rastlos in der Einsamkeit
2012 T. F. Bjorn
Der Ruf des Lebens
2013 Otto Riecker
... mit 60 fing m. Leben an
2014 Harold Myra
Elsbeth
2015 Max Engemann
Der Liebe Kraft
2016 Joyce Landorf
Stark und zart
2017 Bruce Olson
Ich schwörs bei diesem Kreuz ...
2018 June Miller
Gott und das Unmögliche
2019 Vera Cowie
Bis zum Ende
2020 H. v. Redern
Die Heimatsucher
2021 J. Müller-Bohn
Spurgeon – ein Mensch von Gott gesandt
2022 Patricia St. John
Nur der Himmel ist die Grenze
2024 Y. C. Ahn/Ph. Thompson
Treu bis in den Tod
2025 Bernard Palmer
Wenn die Bäume tanzen
2026 Jack Brown
Den Teufel im Genick
2027 Barbara Brodhage
Caroline, laß dir an meiner Gnade genügen
2028 Elsbeth Walch
Viel Vergnügen am See
2030 Mary Wang
Gottes Hochschule in Rot-China
2031 Elizabeth Goldsmith
Angst vor dem Wasser
2032 Ayako Miura
Shiokari-Pass

TELOS-Wissenschaftl. Reihe

4001 Wilder Smith
Die Erschaffung des Lebens
4002 Wilder Smith
Herkunft und Zukunft des Menschen
4003 Wilder Smith
Gott: Sein oder Nichtsein?
4005 Wilder Smith
Ursache und Behandlung der Drogenepidemie
4006 Otto Riecker
Das evangelistische Wort
4008 Wilder Smith
Grundlage zu einer neuen Biologie
4009 Whitcomb/Morris
Die Sintflut
4010 Os Guinness
Asche des Abendlandes
4011 John W. Montgomery
Weltgeschichte wohin?
4012 Joseph Chambon
Der franz. Protestantism.
4013 Francis Schaeffer
Wie können w. d. leben?
4014 Michael Green
Evangelisation zur Zeit der ersten Christen
4015 Henry Morris
Erde woher?
4016 John N. Moore
Schöpfung/Evolution
4017 R. Seiß
Freiheit und Identität des Christen

TELOS-Das erweckliche Wort

1900 Alan Redpath
Sieghafter Dienst
1901 Alan Redpath
Leben n. d. Herzen Gottes
1902 L. A. T. Van Dooren
Die Herausforderung
1903 Erich Schnepel
Das Zentrum
1904 H. L. Helikoop
Zur Ruhe gebracht
1905 Alan Redpath
Geistlicher Kampf
1906 Oswald Sanders
Hundert Tage mit Jesus
1907 Hellmuth Frey
Das Ziel aller Dinge
1908 Roy Hession
Vom Schatten zur Wirklichkeit
1909 Alan Redpath/ Ben Williams
In Freiheit leben
1910 Willem Ouweneel
Das Lied der Lieder
1911 G. Christoph Willis
Bei Gott ist Rettung

TELOS-Geschenkbände

2101 Anny Wienbruch
Das Geheimnis um Zar Alexander
2102 Johann A. Bengel
Das Neue Testament
2103 Bibelpanorama
2104 Johannes E. Goßner
Schatzkästchen
2105 John Bunyan
Pilgerreise zur seligen Ewigkeit
2106 F. Lobstein
Brot durchs Wort
2107 Arbeitsbuch für den biblischen Unterricht
2108 Marie Hüsing
Zeichen Seiner Hand
2110 Ludwig Hofacker
Predigten, Band I
2111 Ludwig Hofacker
Predigten, Band II
2112 Oswald Chambers
Andachtsbuch
2113 Abraham Meister
Namen und Charakterzüge ...
2114 Shlomo S. Gafni/ A. v. d. Heyden
Jerusalem, du schöne ...
2115 Gilbert Beers
Kinder-Bibel-Lexikon
2116 Wolfgang Heiner
Bekannte Lieder – wie sie entstanden
2117 A. E. Wilder Smith
Kunst und Wissenschaft der Ehe

In der TELOS-Paperbackreihe erschienen folgende Titel

1004 Wilder Smith
Ist d. ein Gott d. Liebe?
1005 Fritz Hubmer
Im Horizont leuchtet . . .
1012 Watchman Nee
Freiheit für den Geist
1013 Anny Wienbruch
Der Leibarzt des Zaren
1016 Norbert Fehringer
Thema: Frömmigkeit
1021 Ruth Frey
Arbeit unter Kindern
1023 Oswald Smith
Ausrüstung mit Kraft
1024 Erich Schnepel
Das Werk Jesu in uns . . .
1026 Anny Wienbruch
Im Schatten der Zaren
1029 Werner Krause
Freuet euch allewege
1030 Hel. Good Brenneman
Und doch nicht vergess.
1031 Anny Wienbruch
Unt. d. rot. Sonnensch.
1032 Helmut Ludwig
Die Welt horcht auf
1035 G. R. Brinke
Jenseitiges u. Zukünft.
1036 Elli Kühne
Da bewegte s. d. Stätte
1039 Alfred Christlieb
Ich freue mich ü. d. Wort
1041 Lon Woddrum
Liebe hofft immer alles
1042 Horst Marquardt
Die Sprache der Gräber
1045 Otto Riecker
Bildung u. Heiliger Geist
1046 Joyce Landorf
Seine beharrliche Liebe
1048 Anny Wienbruch
Ein Leb. f. Gustav Adolf
1049 Werner Krause
Keinen Raum . . .
1050 Georg R. Brinke
Die Symbolik d. Stiftsh.
1051 Alfred Kuen
Gem. n. Gottes Bauplan
1053 Jill Renich
Den Ehemann verstehen
1054 Alfred Christlieb
Ich suche, Herr . . .
1055 Wilfried Reuter
. . . und bis ans Ende . . .
1057 Ulrich Affeld
Unter der Treue Gottes
1058 John F. u. E. Walvoord
Harmagedon, Öl . . .
1059 Heinrich Jochums
Was haben wir an Jesus
1060 Erich Beyreuther
Der junge Zinzendorf
1061 Herbert Masuch
Handbuch . . .
1064 Anny Wienbruch
Das sonnige Haus
1065 Anny Wienbruch
Sie waren mir anvertraut
1071 Elsbeth Walch
Tante Lydia w. schon . . .
1072 Elsbeth Walch
Zum Glück gibt's . . .
1073 Richard Kriese
Okkultismus
1074 Alfred Christlieb
Der Apostel Paulus
1076 Eduard Ostermann
Zukunft ohne Hoffnung?
1078 James M. Boice
Die letzte und die zukünftige Welt
1082 Watchman Nee
Der geistliche Christ I
1083 Watchman Nee
Der geistliche Christ II
1084 Watchman Nee
Der geistliche Christ III
1085 Alfred Christlieb
Vollmacht von oben
1086 Fritz May
Israel zwischen Weltpolitik u. Messiaserwartung
1087 Kurt Scherer
Mit Streß leben
1088 Gien Karssen
Frau, Mensch und Mutter in der Bibel
1092 Billy Graham
Engel –
Gottes Geheimagenten
1095 F. F. Bruce
Die Glaubwürdigkeit der Schriften des N. T.
1096 Watchman Nee
Geistliche Erkenntnis
1097 Heinrich Jochums
In Jesus haben wir alles
1098 Michael Bourdeaux
. . . und die Ketten . . .
1099 A. W. Tozer
Gott liebt keine . . .
1100 Watchman Nee
In Hingabe leben
1101 Watchman Nee
Das Bekenntnis
1102 Watchman Nee
Das Zusammenkommen
1103 Watchman Nee
Christus unser Leben
1104 Watchman Nee
Zur Ehre Gottes leben
1105 Watchman Nee
Gemeinschaft der Liebe
1106 A. E. Stückelberger
Bibel, Kind und wir
1107 Michael Griffiths
Mit beiden Beinen auf der Erde
1108 William Sanford LaSor
Menschen,
die Christus kannten
1109 Charles W. Colson
Watergate wie es noch keiner sah
1110 Rich. W. DeHaan
Die Wahrheit über Gott
1111 Ernst Modersohn
Durch den Glauben
1112 E. M. u. D. A. Blaiklock
Warum hat mir das keiner gesagt?
1113 Tim Timmons
Ehe nach Gottes Plan
1114 Jakob Kroeker
Es gibt ein Volk . . .
1116 Volkmann/Woyke
D. Anruf d. Evangeliums
1117 Neil R. Lightfoot
Die Bibel – Entstehung u. Überlieferung
1118 Martin Schacke
Die Abschiedsreden . . .
1119 Dwight L. Carlson
Leben und nicht müde werden
1122 George W. Peters
Evangelisation: total . . .
1124 Dr. Dr. G. Huntemann
Am Anfang die Wahrheit
1126 Winrich Scheffbuch
Wer Jesus hat . . .
1128 Eduard Ostermann
Unsere Erde –
ein junger Planet
1129 Billy Graham
Wiedergeburt –
wie geschieht das?
1130 Fritz May
So wird das Leben schöner
1131 George Sweeting
Handbuch der Liebe
1132 James Kennedy
Dynamische Evangelisation
1133 Jeanette Lockerbie
Die zweite Lebenshälfte
1134 Joyce Landorf
Sein unermesslicher Reichtum
1135 Willi Buchwald
Israel und die Zukunft der Welt
1139 C. Schulte-Übbing
Bibl. Sachkonk. zu Fragen der Endzeit
1140 Lienhard Pflaum
Kampf, Anfechtung, Überwindung
1141 Horn
Ein Buch spricht für sich selbst
1142 Carlson
So erkenne ich den . . .
1143 Kurt Scherer
Mein Gott, mein Gott, warum . . .?
1145 P. J. St. Johnstone
Gebet für die Welt
1146 Gerhard Bergmann
Christentum und Sozialismus
1147 Armin Mauerhofer
Jesus, der Zugang zu allem
1148 Armin Mauerhofer
Jesus, meine Kraft im Alltag
1151 Spiros Zhodiates
Leben nach dem Tode
1152 Leroy Koopman
Deine Augen sollen leuchten
1153 Robert E. Coleman
Des Meisters Plan der Evangelisation
1154 Klaus M. Pülz
Brennpunkt Israel
1157 Schulte
Evangelisation –
praktisch